民初大總統爭奪戰

魏得勝　著

序

當同齡人正在大學裡攻讀時，我卻奔波於中越戰爭的前線與後方之間，用手中的筆或照相機，記錄一個特殊的時代。漫長的中越局部戰結束後，我除了每天到辦公室看看報紙和書信之外，大部分時間都用來讀書，我稱之為惡補。為此，我特別感激上司對我的寬容，給了我多年可以自由支配時間的機會，使我得以回到書齋，研習自己喜歡的歷史。在軍中機關大院，我的行蹤是辦公室、寢室、食堂，三點一線，周而復始。

大約是二〇〇一年的某個時候，接到一個電話，對方自稱是某某報社的編輯，約我在湖邊喝茶。我並不認識那位編輯，因此有些猶豫。對方解釋說，他是從大學歷史系某教授那裡，獲知我的電話的。我釋然，並答應赴約。畢竟，茶約的地點，就在我的寓所附近。

繞翠湖一圈，有幾十家茶樓，而相約的地點，卻在一個研究院內；而且，不是一個編輯，而是幾個陌生的副刊編輯，他們來自不同的報社。大家落座後，被問最多的就是自修什麼專業。我說是歷史。又問，哪一部分呢？我說是北洋史（以下簡稱民初史）。之後，這些讀書版的編輯，便向我約稿。約著約著，他們發現，我的歷史寫作，距民初史越來越遠。我的筆觸，自遠古史出發。

歷史研究這部分，我最大的缺失就是沒有師從（但這也恰恰是我的長處，可自成一體），一切都要靠自己摸索，完全沒有捷徑可走。研習民初史之初，我感覺有些吃力，弄不明白，民初人物的所作所為。逐漸得出一個認識，若理解民初，須先理解民初之前的歷史；若理解中國史，須先理解世界史。是以從中國的遠古史、從世界史著手，一路走來，完成中國簡史、世界簡史，以及多本中國斷代史的寫作，這才回到最初我最想研究的那個民初史。

我鎖定的民初史，大致從一九一一年至一九二八年。這本書，就部頭（篇幅、體例）而言，是本小書；就內涵來說，或不止於此。我從未試圖顛覆歷史、解構歷史，更不會為歷史翻案。我要做的，就是去理解歷史，並把我的理解形成為史觀，然後解釋給讀者，與大家一起討論。討論歷史的目的，並非一味的追尋歷史真相，而是從中獲得思想的伸展，以便讓我們在當下或未來的生活中，保有最大程度的文化尊嚴。

魏得勝
二〇一七年秋，於翠湖西畔

目次

第一章 政治意外

滿漢衝突

清軍入關，滿人成為血腥的統治者，而漢人則淪為卑賤的奴隸（魏得勝製圖）。

今天的漢人，沒有誰在乎「滿漢」這個充滿屈辱與血腥的詞彙，相反，人們還會津津樂道於什麼「滿漢全席」之類的饕餮大餐。滿上漢下，滿人是血腥的統治者，漢人則是卑賤的奴隸。滿人統治者最初入住中原的時候，僅僅為了一個髮式，便不依不饒，跟漢人兵戎相見，直鬧得「留髮不留頭，留頭不留髮」。為此，「揚州十日」與「嘉定三屠」，奪去百萬漢人鮮活的頭顱。一二一五年，蒙古人攻陷北京，同樣奪去百萬漢人鮮活的頭顱；一二三一年，蒙古人攻掠四川，僅在成都就奪去一百四十萬漢人的頭顱；而整個四川盆地，被蒙古人斬殺的漢人，更是高達一千四百萬，致使四川人口銳減至六十萬。一三五二年，蒙古人在攻打南宋時，甚至計劃滅絕張王劉李趙五大漢族姓氏。

上述令人髮指的血腥史並不遙遠，但在許許多多的漢人心裡，早已煙消雲散，甚至不知就裡，還以流行歌曲的形式，讚美屠夫成吉思汗，唱什麼：「不知道有多少美麗的少女們都想嫁給他，他是人們心中的偶像……」相比之下，二十世紀三十年代，日軍釀下的「南京大屠殺」，每年的紀念日，可謂隆重而盛大。

同是大屠殺，滿人殺百萬漢人，蒙古人殺千萬漢人，中國歷代官方從無紀念活動；而日軍殺三十萬漢人，中國官方卻高調哀之悼之。這是怎樣的一個判斷是非的標準？這區別究竟來自哪裡？難道就來自統治者與侵略者這角色的不同？於中國官方史而言，滿人、蒙古人是統治者，日人則是侵略者。統治者屠殺治下的漢人，彷彿是份內的事，因此無需被追究；而侵略者殺漢人就必須追究，或根據不同的歷史階段、不同的政治需求而適度追究抑或高度追究。由此得出一個極不情願的推斷：滿人、蒙古人統治者擁有屠殺漢人權！但願這只是思維錯覺，而非政治邏輯。然，中國的歷史軌跡，一向沿著政治邏輯的方向發展。為我所用——也就成為統治者修史的不二法門。

按照這個邏輯，當年滿人、蒙古人入主中原，奴役漢人，那它的屠殺就是理所當然的、可以接受的。假如歷史也給日本人以這樣的機會（當然也得像滿人那樣，把自己的土地劃入中國），是不是南京大屠殺就如揚州、嘉定、成都大屠殺那樣，就可以置之不理了呢？這畢竟只是一個假設，沒有發生的事，不可妄斷。但有一個佐證，可以幫助我們理解漢人的權變思維，那就是在對俄對日外交上的不同。歷史上，俄羅斯人前後搶走中國數百萬平方公里土地，漢人政權幾乎從不提及，卻選擇性地死死咬住一個小小釣魚台不放，跟日本人齟齬不斷。要知道，在二〇〇八年之前，絕大多數中國人都沒聽說過二戰後由美國託管的釣魚台。

另一個有意思的個案是，在北部灣中心位置，有個比釣魚台還大的夜鶯島，確屬中國。夜鶯島不僅有淡水，且有漢人世世代代居住在那裡（一九五〇年代，島上有六十四戶漢人居民）。然在一九五七年，夜鶯島及島上的數百漢人，被當做政治禮物，祕密送給胡志明。越南人將夜鶯島納入自己的行政版圖，取名白龍尾島。毛澤東那代漢人，真可謂：量中華之國土，結與國之歡心。

毛澤東與胡志明搞「同志加兄弟」的友誼，什麼國土，什麼百姓，全然不以為意，隨手相送。斗轉星移，中越由同志加兄弟的關係，而為競爭關係，乃至敵對關係。如今，越南以白龍尾島是越南領土為由，對北部灣大面積海域和大陸架，提出主權要求，動輒抓扣中國漁民，令中國數十萬漁民的生計陷入困境，而漢人政權同樣從不提及。相反，一個無人居住的釣魚台，成為二十一世紀漢人政權及無數民族主義者們天大的事端，每每與日本發生激烈的外交衝突。這權變，也未免太過了。

還是毛時代，為了體現「鮮血凝成的友誼」，漢人政權白白送給朝鮮半島金氏王朝的土地，達數千平方公里。長白山的天池，為中國領土。金日成以天池是金太陽革命事業的發源地為由，希望中國能把天池的一角劃給朝鮮，作為愛國教育基地。毛澤東大手一揮：「什麼一角？乾脆一家一半嘛！」於是，就把天池的一半，連同長白山的三座山峰（包括著名的白頭峰），一道劃給了朝鮮。金氏王朝的第三代傳人金正恩，對漢人政權不僅不感恩戴德，動輒叫板，放狠話，乃至惡言相向。漢人政權選擇沉默，任由東北一角的金氏王朝凌辱。這權變，就更過了。

香港回歸二十周年的前兩天，英國外交大臣詹森（Boris Johnson）稱，法治、獨立司法體系和自由媒體是香港取得成功的關鍵，香港未來的成功無疑將取決於《中英聯合聲明》（一九八四年簽訂）賦予香港的權利和自由。對此，中國外交部發言人回應稱：「《中英聯合聲明》作為一個歷史文件，不再具有任何現實意義。」恰好，印度軍隊在此期間，侵入錫金段的中國一方。外交部、國防部兩部的發言人，再三敦促（奇怪呀，口口聲聲寸土必爭、主權不容侵犯的中國人，此刻不是反擊，而是呼籲）印度撤軍，遭到拒絕。不僅如此，身兼國防部長的印度財長阿倫・賈伊特利強硬表示，印度已非一九六二年的印度（那年的中印之戰，印度失敗）。無奈之下，外交部發言人搬出清帝國與英帝國於一八九〇年簽訂的歷史文件《中英會議藏印條約》，來證明今天的印度軍隊，侵犯了中國的領土主權。漢人的權變術，在此被表現得淋漓盡致。三十三年前簽訂的《中英聯合聲明》，在外交部發言人那裡，已然成為不再具有任何現實意義的歷史文件，而一百二十七年前的清帝國與英帝國簽訂的《中英會議藏印條約》，卻神奇地具有了現實意義。

與上述兩件事交織在一塊的，是臺灣未來的高中課綱將不會再提《開羅宣言》。在中國外交部例行記者會上，發言人就這一問題回答說：「《開羅宣言》為二戰後中國收復被日本軍國主義掠奪和竊取的臺灣及其附屬島嶼等領土提供了重要的國際法依據，是舉世公認的重要國際法文件，是世界反法西斯戰爭的重大成果，為國際社會確立戰後國際秩序奠定了重要基礎，具有深遠歷史意義和重要現實意義。」記者追問道：「你提到《開羅宣言》有重要的歷史和現實意義，但外交部另一位發言人之前說過《中英聯合聲明》是歷史文件，不具有現實意義。這兩份文件有什麼不同？為什麼會有兩個不同的解釋？」這位發言人說：「我的同事已經就《中英聯合聲明》闡述了立場，我就不重複了。至於你問到《中英聯合聲明》和《開羅宣言》有什麼不同，我想這是兩個性質完全不同的文件。」

漢人權變術的另一個經典範例，便是「九二共識」。這原本是海峽兩岸的口頭共識，一個中國，各自表述。口頭表述，意味著「九二共識」連歷史文件的資格都不具備。然一岸將其視為綱領性文件，視為尚方寶劍，視為不容否決、不可更改的歷史事實，且強調一中，淡化乃至剔除「各自表述」；則一岸要麼否認這個口頭表述，要麼一中亂表、一中同表。漢人善於權變而嚴重缺乏契約精神，以致於此。

扯遠了，回到正題。清末民初之際的漢人，並不像今天的漢人那麼健忘，滿人勢微，漢人乘勢崛起，立志將滿人統治者（同時也是侵略者），驅逐出中國。滿人侵略者不像蒙古人，也不像日本人，後者是真正意義上的被驅逐，回到他們的老家。而滿人經過對漢人近三百多年的統治，他們自身已成為中國的一部分，他們異化得猶如漢人，善於權變，善於腐敗，趕是趕不走了，那就變通、合作。

深諳權變與腐敗的滿人，與漢人執政時期（漢朝與明朝）一樣的柔弱，馬上民族那種驍勇善戰的品格，被優渥的物質生活、被漢人的腐敗文化滌蕩得一乾二淨。清朝末年的漢人與滿人，發生明顯的倒裝現象，滿人成為貪汙腐化、滿腦肥腸、無所作為的統治者，而漢人則成為視野開闊、勵精圖治、雄心勃勃的佼佼者。像曾國藩、李鴻章、袁世凱這樣的傑出漢人，在晚清比比皆是，而在滿人貴族圈，卻連半個袁世凱都找不出來。

說到後慈禧時代的袁世凱，他既是漢人的希望，又是當仁不讓的漢人領袖。這一點，滿人統治者很清楚，但誰都無可奈何。袁世凱勢必要帶領漢人，重返中國政治舞臺的中心。可以預見的是，漢人的歸來之路，並不平坦。當後來者書寫這段歷史的時候，感覺尤其如此。

漢人的回歸，大致分為南北兩部分。北方系以袁世凱為領袖，南方系以孫中山為領袖。這只是一個大概的描述，邏輯上並不縝密。原因就在於，那時的中國極為紛亂複雜，即使是春秋戰國時期、東漢末年的三國時期、五胡十八國時期，都無法與之相提並論。說袁世凱與孫中山為那一時期的漢人領袖，不過便於讀者認知那段歷史而已。

袁世凱與孫中山的最大不同是，袁以貴族姿態，帶領漢人理性回歸，表現為西方化的議會政治，諸如開國會、開黨禁、開報禁等等；孫則以草根姿態，帶領漢人莽撞回歸，表現為傳統模式的政治輪回，暴力推翻一個舊政權，再建立一個所謂的新政權。下面，我們僅就袁世凱的理性回歸展開敘述。

慈禧執政後期，憲政為世界潮流。憲政的真諦乃是「限政」——限制政府權力（尤其限制政府的最高權力），保障個人權利。日本乃是憲政治國的典範，十九世紀末二十世紀初，十年間，這個小小島國竟接連戰勝清、俄兩大帝國，令人印象深刻。清帝國高層開始反思，認為日本之所以強大，其憲政治國的策略功不可沒。袁世凱是這一政治觀點的堅定支持者，並極力說服慈禧，推動清帝國的君主立憲制。

慈禧給人的印象是政治保守，性格頑固，思想僵化。其實，她沒有傳統歷史所表述的那麼不堪，也並非一味的堅持己見。在政治體制問題上，她的進取遠遠超出歷史對她的評價。當她對帝國現實做出正確的理解後，便義無反顧的站到立憲派一邊，以推動大清帝國的政治改革（慈禧去世時，日本皇室為其服喪二十一日，不知是否出於這方面的敬意）。慈禧沒有政治體制改革的所謂淺水區深水區般的矯情，也沒有意識形態般的扭捏造作，更沒有咬文嚼字般的拿腔作勢，她端給國民的那盤政治牛肉，是可實際操作的《新官制改革案》。這是一個里程碑式的文件，是帝國邁向現代文明的文件，它確立了三權分立的政治原則，即立法、司法、行政互不統屬。

清帝國仿英日模式，實行君主立憲制，弱化皇權，強化內閣。就清帝國而言，這未必會削弱慈禧的獨裁地位，但對於滿清權貴來說，卻是致命衝擊。在一次立憲會議上，醇親王載灃向袁世凱發難，拍著桌子說：「你們這幫漢人，打著改革的幌子，奪我滿人江山，當我聾啊，還是當我瞎呀？扯什麼改革之謊呢，姓袁的，你直接說奪權好了，何必那麼偽善！」立憲會議的氣氛，立時凝重起來，可謂火藥味十足。

袁世凱知道，王爺的頭橫豎比他的頭大，話雖不入耳，也不便強辯，忍氣但不吞聲，他解釋道：「王爺，這怎麼是滿漢兩家的事呢？一切聽憑老佛爺旨意罷了，我個做大臣的，不過遵旨行事。如果還讓我說，還是那句話，拯救帝國，惟有立憲，別無良策。日本是如何崛起的，這大家都知道，就因為人家搞君主立憲制，民富國強了，日本人這才把不可一世的俄國給打敗。就是甲午教訓，也並不遠。到底是立憲為上，還是所謂國情有別，王爺自有判斷，無需袁某多言。」

載灃一時語塞，他憤怒地指著袁世凱，半晌說不出話來。溥偉從自己的椅子上站起來，鼻息裡充滿了對袁世凱的挑釁。他走到載灃面前，火上澆油道：「漢人亡我滿清之心不死，王爺何不趁熱打鐵，殺一儆百。」溥偉此言一出，與會者個個為之震驚。倒是那載灃，怒從心頭起，猛一擂桌，斥責道：「姓袁的，你……你狡辯……今兒個，有你沒我，有我沒你！」說著，迅速從腰間拔出手槍，上堂頂火：「姓袁的，你們漢人陰謀毀我滿人長城，門兒都沒有。記住了，明年今兒，就是你的忌日！」

但說袁世凱身旁，有位壯漢，他手疾眼快，一個箭步上前，至載灃近前，迅雷不及掩耳，擎起載灃的胳膊，子彈瞬間射向空中。那壯漢朝載灃深鞠一躬，謙遜而恭慰道：「王爺，你沒傷著吧？」載灃氣惱地瞪了那壯漢一眼，悶聲坐在椅子上，心想：「我倒是想要袁世凱的命來著，可我也得敢呀。只不過拍桌子嚇唬貓罷了。嗨，我這也叫王爺！我算哪門子的王爺，窩囊的爺而已！」溥偉過來，一把將那壯漢推搡開：「休得放肆！」那壯漢知趣，回到袁世凱身旁。

袁世凱鎮定自若，一言不發。見與會者紛紛近前，勸住載灃，袁世凱遂昂然離開制憲會議。那壯漢與一群立憲派高官，簇擁著袁世凱，離席而去。留下的大臣，繼續勸慰載灃：「王爺您消消氣，袁大人為國無私，一片忠誠，即便他哪句話有所冒犯，動傢伙也萬萬使不得。」溥偉年輕氣盛，仗著皇室成員的身分，很不把在座的大臣當回事：「你等說的輕巧，他袁世凱哪一點看得出忠誠？這大清國眼看就是袁世凱的囊中物了，尚言他為國無私，你等居心何在？」諸大臣聞言，將馬蹄袖一拂，各自歸座，閉目自忖。

載灃愈發惱怒，跳著腳，手指遠去的袁世凱，喊道：「咱大清，咱老祖宗，自古以來，就實行這個制度。你們這幫自以為是的漢人，動輒懷疑政治體制，這不好那不好，老祖宗留下的制度怎麼歷經幾千年而不衰呀？西洋人走他們西洋人的路，東洋人走他們東洋人的路，挨著咱大清什麼事啦？畢竟國情不同，不能照搬西方人的東西。沽名釣譽，搞什麼政治改革，不就為了奪權嗎？這套把戲，三歲孩子都看得明白，糊弄本王爺來了，休想！只要我這口氣在，大清還得是大清，什麼立憲，一邊玩去！」溥偉把手一揮，不耐煩道：「今天的會議就到這兒吧。」制憲會議不歡而散。

接下來，咱們回頭補敘一個人，就是前文那位力挽危局的壯漢，你道他是何許人也？說來話長，袁世凱不惑之年，出任山東巡撫。流年不利，正值那裡鬧拳患。這在傳統歷史中，被敘述為義和團。以今天的眼光去看待，就是起自基層的反西方運動。山東是這場政治災難的發源地，前任地方首長毓賢未能平亂，調任山西，袁世凱繼之。

為應不測，濟南府官吏，遍尋武林高手，作袁世凱的週邊侍衛。這天，袁世凱微服私訪，趕上貼身的侍衛空缺一人，就把週邊的侍衛，臨時調入一個。話說這天，袁世凱微服私訪於濟南街巷，順口問了句：「你等如何看待義和團？」侍衛面面相覷，不知巡撫大人何以相問，更不知哪種回答，是巡撫所愛聽的。畢竟，對於義和團，從官方到民間，支持者有之，反對者亦有之。因此，無人敢答。見無人回答，袁世凱一邊走，一邊輕聲道：「嗯？」新補入的侍衛回答道：「義和團誠為帝國大患。」袁世凱停住腳步，回頭看了看那侍衛，問道：「後生，此前怎麼沒見過你？」那侍衛道：「在下臨時補缺。」

袁世凱踱步至一個包子鋪，對裡面喊道：「夥計，你給我來兩屜包子。」裡面的小夥計聽了，腿腳麻利，抬了兩屜包子，放到榆木桌上：「客官您請。」袁世凱也不坐，自己順手拿了兩個，剩下的，侍衛們你抓幾個，他抓幾個，分而食之。負責的內勤的侍衛，掏出銀子，把賬結了。

離開包子鋪，袁世凱一邊吃著包子，一邊問那侍衛：「你叫什麼來著？」那侍衛道：「在下王儒林。」袁世凱仔細打量了一番王儒林：「哦，你就是山東武林坐頭一把交椅的王儒林？」王儒林謙恭道：「在下不敢。」袁世凱把最後一口包子放到嘴裡，拍了拍手，對王儒林道：「似你這般見識，倒不像武行裡的人。」王儒林道：「在下美國留的學，回濟南還不到一年。」

聽聞「美國」二字，袁世凱頓長精神：「哦？多大年齡了？」王儒林道：「三十有五。」袁世凱喜道：「雖說我癡長你幾歲，畢竟沒有留過洋，見識有限。你就留在我身邊，做個秘書吧，可好？」王儒林停住腳步，立正，敬禮，遂道：「謝巡撫栽培！」

微服私訪的路上，袁世凱又聊到他的前任，乃問王儒林：「你怎麼看毓賢大人啊？聽說山東人愛他的清廉，又恨他的殘暴。」王儒林面有難色。袁世凱道：「他都調山西當巡撫去了，還怕他不成？」王儒林紅著臉道：「不瞞大人，他是在下的姑父。他一向不待見我這個裡通外國的侄子，我也不理解他這個支助拳匪排外的姑父。在下一家，早與之割袍斷親了。」袁世凱驚歎道：「難得你這麼識大體，不虧留洋過的人，見識長遠。」王儒林不好意思起來：「大人過獎了。」

來到珍珠泉，袁世凱無暇風景，自言自語道：「這個毓大人，到底中哪門子的邪。洋人的東西，雖不能說處處比我們的好，但人家的一些東西，比如制度啦，比如教育啦，比如軍事啦，比如科技啦，比如醫學啦等等，是比我們文明，比我們先進，這總是大致不錯的事實。可他為什麼就往死裡反對呢？恨屋及烏，害死那麼多的良善。倘若有一天，老佛爺醒過神來，必不容他。」王儒林道：「大人見教的是。」從此，袁世凱與王儒林無話不談。

袁世凱執魯三年，實際不足兩年。但就在這兩年裡，袁世凱使山東由保守之地而為開放之地，現代化的軍校、現代化的大學、現代化的報館、現代化的銀行、現代化的工藝局，以及一支現代化的具有專業水準的員警隊伍，一一建立起來。山東大學的管理體制是西化的，乃至聘請多名外國教師。山東大學總教官由美國人赫士擔任，大學內的基礎設施，如醫務室、淋浴房、譯書局、藏書樓、博物院、報刊閱覽室、工房等，一應俱全。山東大學當時的規模，以及現代化的程度，在全國都是一流的。而袁世凱在濟南建立的電訊中心，成為那一時期中央與地方加強聯絡的紐帶。西逃途中的帝國中央機關，將文件快馬送至濟南，改由電報，群發至全國各行政機構；各地的緊急報告，電傳至山東，再由山東抄繕，快馬送達西逃路上的中央政府。

對於西方的先進文明，袁世凱的吸納與推進程度，幾乎超出同時代的所有人。當他意識到義和團誠為帝國大患的時候，他先中央政府一步，在山東地面對義和團展開清剿。在他卸任山東巡撫以前，把拳匪統統趕出了山東。袁世凱在山東所做的一切，一方面是他大刀闊斧性格的體現，一方面有著王儒林的影響。每當王儒林挺身而出的時候，袁世凱事後總告訴他：「你是秘書，侍衛那些活就不要幹了。」王儒林雖說與袁世凱形影不離，但也有些年沒有施展手腳了，當醇親王載灃拔槍的那一刻，他已經意識到要發生什麼，不待載灃扣動扳機，他已做出快速反應，挽回危局。他暗自慶倖，多虧寶刀不老，關鍵時候，救大人一命。這也是為什麼，袁世凱一向讓他的子女，跟王儒林行家人之禮的原因。王儒林在他們王家行二，袁世凱就讓袁克定等子女，管王儒林叫二叔。

閒話少敘。袁世凱自製憲會議回來，府前落轎，大管家迎上前問安，袁也沒有搭理，徑往客廳而去。剛落座，大管家從僕人手裡接過茶盞，遞到袁世凱手裡。袁世凱略抿了抿，把茶盞放到桌上，對滿屋子的高官說：「你等都坐吧，站著堵得慌。」大管家神情緊張，問道：「大人，這是生誰的氣呢，面色恁般難瞧？」王儒林扯了扯大管家的衣襟：「跟王爺治氣呢。」大管家知趣，走開了。袁世凱拍了下腿，歎道：「沒想到，他們滿人都入關幾百年了，還滿腦子的部落思想。」袁世凱在此糾結的，只是一種觀念，而槍擊事件，彷彿不曾發生。滿屋的漢人高官，見袁大人並沒有受驚的意思，各自安慰幾句，道別而去。

我們不知道慈禧對這一事件的態度，或者她壓根就不知道。總之，載灃親王的粗魯行為，並沒能阻止帝國制憲的腳步。經慈禧點頭同意，帝國向歐美派出一個高級別的代表團，到那裡考察憲政。毫無疑問，袁世凱是這一政治行動的最大推手。經載灃那一次槍擊，更加堅定了袁世凱的憲政之路。

中國的所謂正史，詬病慈禧與袁世凱，幾無完膚。但就政治勇氣與行政魄力而言，後世政客又有幾人可以比肩這二人的呢？就是蔣經國，不也到了一九八七年，才推行憲政的嗎？慈禧與袁世凱，早在二十世紀初，就已經那樣做了。假定慈禧多活十年，誰又能否定，中國不由此走向英日那樣的君主立憲制呢？慈禧與袁世凱是中國憲政行動的先驅，他們身後，歷經百餘年，至今仍無憲政不說，就是「憲政」二字，都成為談虎色變的敏感詞。這又是怎樣的政治倒退！

袁世凱推動憲政，激進又不失穩妥。《新官制改革案》之後，又相繼頒佈《資政院章程》、《欽定憲法大綱》等一系列立憲文件。與此同時，從中央到地方，各級立憲機構相繼設立。真可以說，在晚清高層，沒有一位官員能像袁世凱樣，在如此短的時間內，為這個衰邁帝國的轉型與進步，爭取到如此多的東西。我們說袁世凱是才大心細的行政專家，就指這些地方。

正當立憲派們為袁世凱的行政效率叫好時，立憲工作的最主要支持者慈禧撒手人寰，當朝小皇帝溥儀的父親載灃親王取而代之，成為帝國的主宰，是為攝政王。在滿人眼裡，漢人官爵再高、能力再大，還不是皇權門下的一條狗。載灃以攝政王的身分，執政頭一件事，就是一腳把袁世凱這個漢人踢出大清帝國的權力中心，踢回他的河南老家。時年四十九歲的袁世凱，正是智慧之花開滿身的年齡。不意，就這麼下野而去。袁世凱的立憲夢由此破滅，漢人的理性回歸之路，由此中斷。

要說吧，這袁世凱也真夠老成持重的，帝國最具現代化的六個師（器械精良，訓練有素），幾乎都唯他的命是從，軍中將校只效忠於袁，袁之外幾乎無人可以隨便調動他們。值得強調的是，激進組織可以滲透帝國其他軍隊，卻無法滲透袁世凱麾下的這六個正規師。即便在這種情況下，袁世凱竟然不做任何反抗，收拾被卷，回到他的河南老家，過起了看似悠閒的漁翁生活。無論從哪個角度說，袁世凱隨便動用一下手裡的軍隊，都可以輕鬆滅了載灃勢力，乃至滅了滿清政權。然而他沒有那麼做，這體現出政治家的基本素養與判斷力。大約還有一層因素，這位漢人領袖念舊，他念及滿清皇室對他不薄，所以，不忍背棄。

在立憲會議上，載灃雖然說了很多過頭的話，但他並不想給人留下破壞憲政的印象，這畢竟是大勢所趨，同時也是慈禧的遺志。所以，在袁世凱下野之後，清政府打造了一個載灃版的責任內閣，十三個閣員，滿人占九席，漢人占四席，故被稱作皇族內閣。漢人仍然游離於清帝國政治中心的週邊。但漢人的回歸之勢，如滾滾洪流，已不可阻擋。

帝國的叛軍

帝國大廈即將傾覆，各地的漢人躍躍欲試，以期迎接大時代的到來。載灃組建皇室內閣不久，西南方向因鐵路國有化問題，政府與人民嚴重對立，釀下成都血案。載灃下令湖北駐軍，入川彈壓。這說明，帝國在四川方面的駐軍，已無力單獨完成鎮壓任務。從湖北調兵遣將至四川，顯然是遠水不解近渴。這也給湖北的地下激進分子以可乘之機，他們趁入川的部隊尚未開拔，便潛入軍營，策動漢人士兵反水。

萬事開頭難，更何況是反政府行動呢？以當代為例，你甭說跟專制政權動粗？即便動文，字裡行間含個反意，政府定然毫不手軟，以顛覆政權罪，果決地將爾等手無縛雞之力的文弱書生下獄，乃至處死。清帝國的專制有目共睹，愛新覺羅家族用無恥的文字獄，戕害了太多的漢人學者。當下的滿清皇室是江河日下，但手中的權杖對付體制外的漢人激進分子，還算綽綽有餘。但漢人也力圖一搏，決心從滿人的鐵蹄下，掙脫出來。成都血案也許就是一個不可多得的藉口。你滿人可以藉口屠殺成都的漢人，又有什麼理由不去屠殺全國其他地方的漢人反抗者？漢人激進組織由此遍地開花，他們以螻蟻潰堤的精神，向滿人執政當局發起進攻。

秋分這天，激進者們祕密集會，議決中秋節那天行動。近三百年間，滿人鐵血統治，令漢人窒息難耐。如今，漢人是時候拱開凍土，在自己祖先的土地上，出來喘口氣了。少數族裔統治多數族群的日子，也該結束了。

漢人激進組織計畫在兩湖（湖北與湖南）同時向政府展開攻擊。激進者缺乏周密性，致使計畫洩密，湖廣總督瑞澂遂加強戒備。激進組織協調兩湖反政府武裝，決定改期行動。剩下來的時間，正好用來整備武裝。其中一項，就是炸藥的製造。激進組織的贊助商劉同缺乏燃爆知識，他在俄租界的反政府指揮部觀摩炸彈製造車間時，將煙蒂丟進火藥盆裡，釀成不可挽回的惡性事故。

激進組織的地下活動，及其指揮部，就此曝光。俄國巡警立即趕到事故現場，將劉同等人逮捕，並移交湖北地方政府處理。從爆炸現場起獲的印信、旗幟、組織成員名單、彈藥等物證，令當局萬分震驚。瑞澂作為滿人，似乎更加敏感，他果斷採取行動，又是戒嚴，又是下令抓捕激進分子。很快，激進組織骨幹成員彭楚藩、劉復基、楊宏勝等人的人頭，便被湖北當局掛上武昌城門，以儆效尤。

反政府武裝總指揮蔣翊武相向而行，決定把兵變計畫提早付諸實施。儘管瑞澂下令，禁止任何人走出軍營，違者殺無赦。但漢人官兵心旗搖盪，生異者眾。這是一個時代的十字路口，同時也是一群漢人的十字路口。致命的是，由於是祕密行動，他們不清楚自己是否處在十字路口。既不能知己，也不知彼。底牌取決於那份激進分子花名冊，有自願的，還有被強行拉進去的，更有被反政府的浪潮裹挾進去的。湖北軍中，人心惶惶。滿漢官兵昔日的融洽，已蕩然無存，彼此猜忌，也彼此怨恨。軍營上空，氣氛凝滯，幾令人窒息。

軍營裡的不確定因素，誘發一起槍擊事件，進而徹底改寫中國近代史。這天傍晚，陸軍第八營的排長陶啟勝查崗時，因口角被執勤的士兵程定國槍殺。這是一個非常時期，有非常的軍令，有非常的氣氛，有非常的心情，還有非常的處置突發事件的手段。非常時期的任何一個風吹草動，都極有可能釀成不可預測的大事件。很顯然，一起普通的槍擊事件，正朝著這一方向走去。

程定國不知處於怎樣的一種心理，先是提槍跑了兩步，接著停下來，站在那裡瑟瑟發抖。

一同執勤的戰友見狀，撒腿告警去了。營房前的空地上，只落得程定國一人，以及橫屍的陶排長。程定國把槍一扔，癱坐在陶排長屍體旁，兩眼呆滯無光，他嘴裡不住的叨念道：「我這是咋了？我這是咋了？」

程定國正獨自叨念，忽聞急促的腳步聲，抬頭一看，但見三名軍官向他跑來。程定國的眸子裡，凶光噴發，他撿槍射擊，三位軍官毫無防備，當場斃命。類似槍擊事件，在二十一世紀的美國本土軍事基地，屢有發生。分析認為，製造慘案的槍手有一個共同特點：他們均為內部人員，或現役軍人，或文職雇員；同時，均在伊拉克或阿富汗戰爭中服過役，患有創傷後應激障礙症或其他心理疾病。從這一角度來審視百年前的程定國，或許他有太多值得我們同情的地方。但晚清的世界，還不具備這樣的人文關懷，因此，歷史便沿著程定國槍指的方向滑去，無人能改變即將發生的一切。

軍中激進分子熊秉坤趁熱打鐵，以第八營班長的身分，召集全班戰士，殺奔楚望台軍械庫。這裡是當時國內規模最大的軍火庫之一，庫存的武器，多為德國造和日本造。同時，還有數萬隻漢陽造步槍，百餘門大炮以及大量彈藥，皆庫存於此。蝴蝶效應在這裡展現了它不可思議的一面，數千漢人官兵，從眾而往。獲得軍械支援的官兵，深受鼓舞，他們一不做二不休，浩浩蕩蕩，向政府機關及駐軍司令部開拔。通常情況下，我們將這種行為稱之為軍事嘩變。為附和當代的判斷標準，我們把武昌嘩變軍隊稱之為反政府軍好了。

瑞澂身為湖廣軍政一把手，關鍵時刻，當為國效忠。然他聽聞軍隊嘩變，第一時間，帶領全家老小，撤至長江待命的軍艦之上。瑞澂一走，武昌城裡群龍無首，其他軍政官員，亦自保而去，武昌遂為反政府軍佔據。滿清皇室永遠不會想到，他們苦苦經營的武昌城池，竟不費吹灰之力，重新被漢人奪回。

反政府軍瞬間崛起，令人意外。反政府軍公告指出：「我們是人民的軍隊，我們的作戰目標是：結束滿人統治，把滿人驅逐出中原，恢復漢室江山。」在這一政治目標的激勵下，反政府軍以摧枯拉朽之勢，拿下長江沿岸三座重鎮，即武昌、漢口、漢陽。從行動開始，到拿下三鎮，反政府軍所經之地，不斷有政府軍倒戈。當地滿清官員及其眷屬，成為漢人官兵復仇的對象。在激烈的衝突中，滿人一家一家地被屠殺，造成大批無辜的死難者。一位外國傳教士，描述了武昌當時的屠殺情形：街上躺著近萬具滿人男女的屍體，個個死得很慘……不僅武昌，西安、荊州、杭州、蘇州、廣州、南京、太原、福州、江陰、寧波、成都、洛陽等地，在那一時期，都發生過大規模民族復仇行動，逾十萬滿人被殘殺。《李提摩太在華回憶錄》中寫道：

「當時杭州、河南等地，革命人士把砍下的旗人人頭扔進井筒子裡，一個一個的井筒子，填得滿滿的……」

同樣的情景，早在洪秀全時代，也曾經上演過。太平軍攻佔過的地方，滿人慘遭滅絕。一八五三年三月，太平軍攻下南京，城內四萬多滿人，不分男女老幼，統統被殺，一個不剩。一八六〇年夏，李秀成率軍東征，除上海外，蘇南地區盡克，滿人亦全部被屠。

言歸正傳。沿江三鎮的平衡被打破，舊的地方政權倒了，新的政權尚未確立，趁火打劫與背井離鄉同時上演，三鎮幾十萬市民，隨即跌入萬丈深淵。反政府軍無暇顧及三鎮治安，他們整裝北上，誓與中央政府死磕到底。政府軍倉促出兵平叛，不幸的是，在河南地面，遭到倒戈部隊的頑強抵抗。更加不幸的是，政府軍的倒戈現象，呈現多米諾骨牌效應，繼湖北之後，陝西、湖南、江西、安徽、江蘇、浙江、福建、山西、四川、雲南、貴州等地的政府軍，先後嘩變，內戰四起。攝政王載灃束手無策，只得聽從大臣們的建議，恢復袁世凱的一切職務，令其出山平叛。這叫做以漢治漢。是否如滿人盤算的那樣，就另當別論了。

武昌兵變的時候，袁世凱正在隱居地洹上村，忙著接見一波又一波的來訪者。那時的洹上村，成為清帝國事實上的第二行政中心，電報室，秘書室，警衛室，會客室，財務室等等，政府部門能有的，這裡全有。閒暇時，袁世凱在洹河之上，披蓑衣，戴斗笠，行垂釣之樂。袁世凱可不是一般的漁翁，他垂釣之時，數百米之內的樹林裡、民舍旁，崗哨林立，特工遍佈，閒人不可越雷池半步。稍有不軌，即被緝拿問罪。

這天，袁世凱正接見自日本歸國的立憲派人士，王儒林手裡端著一個精緻的木託盤，來到袁世凱面前。託盤裡有份電報，袁世凱打開看了看，臉上劃過一絲不易察覺的驚疑。然後，把那份電報放回託盤裡，對王儒林說：「知道了。密切注意新的動向。」王儒林答應著退下。袁世凱遂對訪客道：「剛剛接到的電報說，南昌那邊的軍隊嘩變。竟有這等事？究竟什麼來頭？」訪客大為吃驚：「立憲的事，豈不又要節外生枝。」袁世凱歎道：「誰說不是，可謂多事之秋矣。」袁世凱遂草草結束那天的會客，運籌帷幄去了。

撿漏者

寫這一節之前，我們首先來解釋一下，何謂撿漏。這其實是北方古玩界的一句行話，意思是花錢不多，卻買到真品，而賣家又不知情。說白了，就是撿便宜的意思。下面要說的黎元洪、黃興、孫中山，便是武昌兵變的撿漏者。

武昌兵變雖然具有一定的必然性，但我更傾向認為，是其偶然性，改變了歷史的方向。最初，是兩個士兵以偶然觸發必然，先是程定國腦子一熱，在軍營裡釀成槍擊事件；隨後是熊秉坤腦子一熱，聚眾搶了軍械庫。但是，歷史敘述，往往把這二人撇開，直奔兵變的領導者——總指揮蔣翊武、參謀長孫武、總理劉公。再接著，歷史敘述，又把這三人撇開，直奔政府軍協領（旅長）黎元洪。

政府軍嘩變，槍口對內，這在任何歷史時期、任何國家，都是提著腦袋幹的活兒。事鬧將起來，總的推舉一個公認的軍事首腦，選來選去，大任落在黎元洪身上。大概這是殺頭的差事，誰都不願當出頭鳥。黎元洪是個才不勝德的人物，仁柔有餘，英武不足。用老百姓的話說，這人比較肉頭。都覺得他好欺，就讓他擔任反叛首領。

何以如此？旅長以下的，沒有號召力，旅長以上的，又都是人精。儘管黎元洪也推三阻四，不願擔綱去反中央政府，可是反政府軍內部上下，都認定就是他這個冤大頭了，消息傳播出去，中央政府也確認其為叛軍首領，黎元洪沒了退路，只好迎難而上。

很快，叛亂者組建了一個屬於自己的政體——湖北軍政府，統轄湖北的武昌、漢口和漢陽三鎮。黎元洪是當然的軍政長官，稱作都督。湖北軍政府由此成立，並誕生自己的領導人。隨之，軍政府又創立了一個國名，叫做：中華民國。

之前，我一直有個筆誤抑或歷史之誤，總以為中華民國這個國號來自孫中山的貢獻。深度研究發現，不但中華民國這個國號與孫中山無關，就是武昌兵變、清室退位這兩件改變歷史的大事，亦與他無關。前者是蔣翊

孫中山擅長的，就是幕後策動革命，流他人之血，染紅自己的功名薄（魏得勝製圖）。

武等人幹的，後者是袁世凱幹的。孫中山擅長的，就是幕後策動革命，流他人之血，染紅自己的功名薄。

湖北軍政府的成立，意味著在清帝國的行政地盤上，又出現了一個政治實體，我們也可以把這理解為國中國。黎元洪成為湖北方面的軍政首腦後，大清二十二省中的十六個省，步其後塵，紛紛宣佈獨立。加上起事的湖北，大清政治版圖上，已有十七國。之後的中國，十多年間，各省動輒獨立，那真是獨立複獨立，獨立如兒戲。

黎元洪作為獨立風潮的引領者，致電獨立各省，意思是分裂不是漢人舉事的初衷，目的是把滿人趕回他們東北老家，然後建立一個統一的由漢人主導的國家。如各省認同這一政治觀點，可派代表來武昌，商討組建一個共同的中央政府。

各獨立省接電，熱忱相應，並最終敲定，移師上海，召開十七省聯席會議。為便於敘述，本書將這一會議簡稱為：上海會議。這十七省依次為：直（今河北）、魯、豫、晉、陝、蘇、皖、浙、閩、贛、湘、鄂、川、滇、粵、桂、奉（今遼寧）。

上海會議，體現了中國的複雜性，引爆獨立運動的，是以黎元洪為首的湖北武昌；上海會議的召集人是黎元洪，開創中華民國新紀元的，還是黎元洪。然上海會議，卻選舉黃興為大元帥（這是一個相當模糊的獨聯體，其領導人既不是總統，也不是主席，而是以元帥相稱。也就是說，聯合的十七省，實際還是個軍事組織，並非嚴格意義上的政治實體），黎元洪為副元帥。這樣的選舉結果，令人詫異。黃興也由此成為繼黎元洪之後的又一個撿漏者。

黎元洪得知這個消息，大為不快，以電報的形式（相當於現在的電訊通稿），斥責上海選舉非法。而黃興方面，則惴惴不安，始終不願就任。上海會議中的江浙派認為，黃興乃漢陽敗將，沒有資格為一把手，黎元洪才是這次偉大變革的首位功臣。江浙派遂通電獨立各省，反對選舉結果。各獨立省代表妥協，擬推翻重來。黃興聞言，負氣離滬，並致信各獨立省代表，力辭大元帥一職。信的末尾，不忘推重黎元洪，以為他才是大元帥的合適人選。

不久，叛軍攻下南京，上海會議遂決定以南京為行政中心，各獨立省代表，遂移至南京工作。到了南京，各獨立省代表順水推舟，再次投票選舉，便黎正黃副了。黃興的幾個莫逆之交、同時也是上海會議的代表，他們大鬧會議，拍案詈言：「選舉的正副元帥，如同兒戲，翻手為雲覆手為雨，成何體統？」鬧得大家不歡而散。從此，在黎元洪與黃興之間，有了裂痕；在十七省之間，亦有了裂痕。聯合之初，即見裂痕，漢人的歸來，竟以如此姿態，呈現世人。

上海會議以準立法機構的名義，命黎元洪與黃興儘快組建織臨時政府，但二人的裂痕，無法使他們志同道合。雙方爭執不下的時候，孫中山自美國歸來，他成為民初政壇上的最後一個撿漏者。

武昌兵變之前，孫中山搞了太多的暴力革命，死了太多的人，總不得要領，總無緣功成。孫中山這才背井離鄉，去了美國。一個以訛傳訛的說法是，孫中山去美國，是為了籌款，繼續他暴力推翻清政府的事業。然據唐德剛先生考證，武昌兵變時，孫中山正在美國科羅拉多州的一家中國餐館打工為生。唐德剛強調，這是可靠的海外史料。

事實也如此。孫中山得知武昌兵變的消息，暴跳如雷，他敲打著報紙，怒道：「瞧瞧，這些人的命真好，連國號都有了。可見他們得來全不費工夫！想我孫文，帶領弟兄們，拋頭顱，灑熱血，一無所獲。倒是清政府內部這些吃皇糧的人，隨便放兩槍，大事成矣。命運何以如此不垂青我孫文！」

無論如何，孫中山都必須趕回祖國，趕上消滅帝制這趟末班車。誰知，命運的結果，比孫中山想像得還要好，黎元洪與黃興的爭執不下，給上海會議一個機會：既然黎元洪與黃興各不相讓，那就讓第三方的孫中山來擔任聯合政府的首腦。於是，上海會議投票，毫無意外的命中孫中山。孫中山的腦瓜嗡的一下：「老天，這幸福來的也太突然了！」於是，他便暈暈乎乎，意外登上中華民國臨時政府總統的寶座。也別說，經過這麼一番折騰，黎元洪與黃興竟然都心理平衡了。擔著性命之憂的黎元洪，最終屈居副總統之職。

漁翁出山

在〈帝國的叛軍〉一節，我們既已提到，攝政王載灃令袁世凱出山平叛。袁世凱方面回應說，這沒問題，但有幾個條件需得到滿足。載灃這邊代表中央政府給予答覆，說只要袁世凱同意出山平叛，條件無論多少，一概恩准。袁世凱方面遂拋出三點要求：

一、開國會；
二、組內閣；
三、解黨禁。

像袁世凱這樣，意志堅定地把帝國帶向民主憲政之路的，絕無僅有。他出山之前即對外放話：「余出山即抱定君主立憲。」袁世凱帶領漢人，以現代文明的方式，重返帝國政治權力的中心。尤其袁世凱所提三條件，一如既往的盯在憲政上，絕無私意。這是袁世凱政治崛起的資本，豈能丟舍？除滿清少數權貴外，國人上下，敬重袁世凱的地方，也全在一個憲政上。袁世凱是聰明人，也只能咬定憲政這座青山不放鬆。

說個題外話，中國走到今天，這憲政一詞，竟然成為巨大的政治忌諱，甚至有公共知識份子因此身陷囹圄。我們不妨費點筆墨，走神毛體系，看看他們是如何看待憲政問題的。先說毛體系的始祖毛澤東。一九五四年，毛在憲法討論會上說：

我們有不少同志，就是迷信憲法，以為憲法就是治國安邦的靈丹妙藥，企圖把黨置於憲法約束之下。我從來不相信法律，更不相信憲法，我就是要破除這種憲法迷信。國民黨有憲法，也挺當回事，還不是被我們趕到了臺灣？我們黨沒有憲法，無法無天，結果不是勝利了嗎？……我們偉大光榮正確的黨也是歷來不主張制定憲法的。可是，建國後，考慮到洋人國家大都制定了憲法，以及中國知識份子還沒有完全成為黨的馴服工具的情況，為了改造和教育人民群眾，鞏固黨的領導，還是要制定憲法的嘛。制定憲法，本質上就是否定黨的領導，在政治上是極其有害的。……當然啦，憲法制定是制定了，執行不執行，執行到什麼程度，還要以黨的指示為準。只有傻瓜和反黨分子才會脫離黨的領導，執行憲法。

二〇一一年，在中國的「兩會」上，時任人大委員長的吳邦國曾提出著名的「五不搞」：

不搞多黨輪流執政；
不搞指導思想多元化；
不搞三權鼎立和兩院制；
不搞聯邦制；
不搞私有化。

到了二〇一六年，毛體系的人又搞了個「七個不要講」：

不講普世價值；

不講新聞自由；

不講公民社會；

不講公民權利；

不講黨的歷史錯誤；

不講權貴資產階級；

不講司法獨立。

在中國，像「七個不要講」這類東西，是不可以見逐新聞媒體的。換句話說，這些見不得人的東西，只配內部傳達。但一向以大膽著稱的自由派學者張雪忠（供職華東政法大學），便將「七個不要不講」這個內部文件，發表到他的微博上（德國之聲引用後，被廣泛傳播），隨即受到政治打手們的圍攻。中國人民大學勞動關係學院教授王江松在張雪忠微博後加以證實，他表示：「我校也傳達了中央的七點精神（是中國高校傳達的通知，要求教學中七個不要講）」。這一事件不久，張雪忠在新浪的微博帳號被銷號。接著，另一個更加詳盡版本的「七個不要講」出現在人們的面前：

一、憲政民主會顛覆國家政權，民主憲政（包括司法獨立，軍隊國家化）不要講。

二、普世價值會排除黨的領導，所以普世價值不要講，要講中國特色。

三、公民社會的自治會瓦解黨的基層領導，所以公民社會不要講。

四、新自由主義反對國家調控經濟，所以新自由主義不要講。

五、新聞自由會擺脫黨媒姓黨，所以新聞自由不要講，要講黨管媒體。

六、歷史虛無主義極力貶損毛澤東和中共，所以黨的歷史錯誤不要講。

七、官僚資產階級，權貴資本主義不要講，要講中國夢。

二〇一七年中新社一月十四日的一則電稿，報導了中國最高人民法院黨組書記、院長周強當天在北京一個會議上的講話，周強談及全國各級法院做好意識形態工作必須掌握的幾項內容，歸結為「要三個堅決」：

要堅決抵制西方憲政民主；
要堅決抵制西方三權分立；
要堅決抵制西方司法獨立。

毛體系的承襲，與百年前的袁世凱比，其政治停滯與文明倒退，簡直令人無法想像。袁世凱複出所提三條件，皆為西方走向現代民主體制的基石。老態龍鍾的滿人政權，明知不可為不能為也不想為，但全國的叛軍蜂起，不重用漢人領袖袁世凱，不採取「以漢治漢」的策略，他們的大清，不就灰飛煙滅了嗎？兩害相權取其輕，滿清中央政府全盤接受袁世凱的複出條件。不僅如此，就連帝國的兵權，盡歸袁世凱節制。袁世凱遂派馮國璋、段祺瑞領軍赴鄂，對南方叛軍施加壓力。

滿清政權蹂躪漢人兩百多年，直到袁世凱，才算替漢人揚眉吐氣。說袁世凱是漢人的領袖、漢人的希望、漢人的未來，一點都不為過。直到這個時候，可算得漢人政治上的真正歸來。漢人沒有理由不為本民族的這位政治領袖驕傲。袁世凱之前的漢人領袖曾國藩與李鴻章，都無法具備袁世凱那樣的政治環境。因此，他們無法施展漢人的政治抱負。

袁世凱出山，不是迫不及待的去京城接受居高臨下的官爵，而是自河南老家直接南下，親臨前線視察。前線將士聞言，倍受鼓舞。在前線領兵作戰的兩位將軍，正是袁世凱的漢人愛將段祺瑞與馮國璋。二人當下議定，馮為前鋒，段為後援，敲打一下叛軍。那意思很明白，老頭子要出山了，怎麼不得獻個禮呀。馮國璋即率第一軍南下，可謂所向披靡。馮部直入漢口，燒殺掠奪，姦淫婦女，稱得上無惡不作。記住了，這可是政府軍的所作所為。南下視察的袁世凱，接到相關報告，迅疾下令，禁止馮部橫行無忌、胡作非為。馮部雖令行禁止，但漢口百姓，卻對政府軍恨之入骨。

不日，袁世凱一行抵達漢口。袁世凱不顧旅途勞頓，即到連隊慰問士兵，偶見傷患，袁世凱以長者的口吻，倍加關懷與撫慰，兵士們感激涕零。隨後，袁世凱在臨時辦公地，會見各國駐漢領事，各領事均對政府軍的焚掠行為，予以委婉譴責。袁世凱由是責難馮國璋，督軍不利。令其嚴肅軍紀，不可荼毒地方。馮國璋令行禁止，安撫收復區百姓。

視察期間，袁世凱接北京急件，大意是說，慶親王奕劻已辭去內閣總理一職，命袁世凱繼任。袁世凱看了看那份文件，隨手遞給馮國璋，說道：「和平年代，滿人弄權，瞧不起咱漢人。如今，戰亂頻仍，卻突然一個個撂攤子，倒讓咱們漢人來收拾殘局。」馮國璋附和道：

「誰說不是。」

自武昌兵變以來，不到一個月，大清版圖二十二省，已倒戈大半。袁世凱心裡清楚，照這樣下去，他重出江湖的路，就會荊棘密佈。遂命人前去武昌，與叛軍領袖黎元洪接觸，探討雙贏的可能性。不久，黎元洪請談判代表帶回一封信，很有意思，我們選取部分內容，看看叛軍方面是怎麼說的。這裡有三點說明：一、本書的引文，除正文已注明者外，均出自《北洋政府簡史》（天津古籍出版社二〇〇〇年版）上冊，餘不另注；二、下文的「慰帥」，是黎元洪對袁世凱的敬稱；三、下文的「執事」，是黎元洪對袁世凱官銜的稱呼：

> 慰帥執事：適者蔡、劉兩君來，備述德意，具見執事俯念漢族同胞，不忍自相殘害，令我欽佩。漢族之受專制，已二百六十餘年，自戊戌政變以還，曰改革專制，曰預備立憲，曰縮短國會期限，何一非國民之鐵血威逼出來？徐錫麟也，安慶兵變也，孚琦炸彈也，廣州督署被轟也，滿清之膽，早經破裂。然逐次之偽諭，純系牢籠漢人之詐術，並無改革政體之決心。故內而各部長官，外而各省督撫，滿漢比較，滿人之掌握政權者幾何人？兵權財權，為立國之命脈，非毫無智識之奴才，即乳臭未乾之親貴；四萬

萬漢人之財產生命，皆將斷送於少數滿賊之手，是可忍，孰不可忍。

即如執事，豈非我漢族中之最有聲望、最有能力之人乎？一削兵權，再奪政柄，若非稍有忌憚漢族之心，已酉革職之後，險有性命之慮。他人或有不知，執事豈竟忘之？自鄂軍倡義，四方回應，舉朝震恐，無法支持，始出其咸同故技，以漢人殺漢人之政策，執事果為此而出，可謂忍矣。

嗣又奉讀條件，諄諄以立憲為言，時至二十世紀，無論君主國、民主國、君民共主國，莫不有憲法，特其性質稍有差異，然均謂之立憲。將來各省派員會議，視其程度如何，當採何種政體，其結果自不外立憲二字。

今鄂軍起義只匝月，而回應宣告獨立者，已十餘省。我軍進攻，竊料滿清實無抵抗之能力，其稍能抵拒者，惟有執事，然則執事一身，系漢族及中國之存亡，不綦重哉！設執事真能知有漢族，真能繫念漢人，則何不趁此機會，攬握兵權，反手王齊，匪異人任？即不然，亦當起中州健兒，直搗幽燕。

執事犯功高震主之嫌，雖再伏隱彰德而不可得也。隆裕有生一日，戊戌之事，一日不能忘也，執事之於滿清，其感情之為如何，執事當自知之，不必局外人為之代謀。同志人等，皆能自樹漢族勳業，不願再受滿族羈絆，亦勿勞錦注。

元洪一介武夫，罔識大義，惟此心除保民外，無第二思想，況執事曆世太深，觀望過甚，不能自決，須知當仁不讓，見義勇為，無待遊移。全國同胞，仰望執事者久矣，請勿再以假面具示人，有失本來面目，則元洪等所忠告於執事者也。余詳蔡、劉二君口述，書不盡言，惟希垂鑒！

上述僅幾百字，漢人、漢族字眼，充斥其間，竟達十三處之多，諸如「漢族同胞，不忍自相殘害」、「漢族之受專制，已二百六十餘年」、「偽諭純系牢籠漢人之詐術，並無改革政體之決心」、「四萬萬漢人之財產生命，皆將斷送於少數滿賊之手」、「即如執事，豈非我漢族中之最有聲望、最有能力之人乎？一削兵權，再奪政柄，若非稍有忌憚漢族之心，已酉革職之後，險有性命之慮」、「咸同故技，以漢人殺漢人之政策」、「執事一身，系漢族及中國之存亡」、「真能繫念漢人，則何不趁此機會，攬握兵權，反手王齊……直搗幽燕」、「自樹漢族勳業，不願再受滿族羈絆」等等，可見南方漢人以雪百年之恥的決心。

除黎元洪的書信外，使節還帶回黎元洪口信，說如袁世凱能勸清室退位，一如前議，仍舊推重袁世凱的領導地位。既然大家能停戰，一切和談議題，都是可以坐下來商量的。袁世凱於是就同意了，政府軍與反政府軍罷兵，等待具體的和談議題的形成。前線大局已定，袁世凱回到北京。

京內王公大臣聞言，額手稱慶，以為救命的來了。袁世凱到京那天，車站人山人海，歡聲雷動。袁世凱乘輿至正陽門，慶親王、徐世昌等，熱忱相迎。一番寒暄，同至攝政王載灃私邸。滿人領袖、大清主宰載灃，殷勤備至。袁世凱口無怨言，臉無怒色，只一味謙遜：「袁某才薄難勝，如何敢當。」袁世凱不過官場的客套，載灃聽了，卻如芒刺背：「哪裡的話……哪裡的話。只是這組閣的事，還望袁公上心。」載灃當初冷著臉，一腳把袁世凱踢出北京；如今又熱著臉，雙手把袁世凱捧回北京。個中滋味，只有他自己能體會。

袁世凱不再推卻，遂答應組閣。載灃歡天喜地，忙不迭的安排袁世凱進謁隆裕太后。君臣相見，那隆裕太后不等袁世凱行禮，竟矜持不住，落下一行辛酸淚：「袁愛卿，別來無恙。」那意思，要說的話太多太多了，一時不知從何說起。袁世凱趕忙跪下行禮：「太后，老臣蒙愛，不勝感激。」說著，淚也不由自主的流下來。載灃、奕劻、徐世昌深受感染，亦個個老淚縱橫。君臣的語調，越發沉重起來，殿內一片悽楚之聲。

君臣晤面之後，袁世凱受命組閣。不日，便選定梁敦彥、趙秉鈞、嚴修、唐景崇、王士珍、薩鎮冰、沈家本、張謇、唐紹怡、達壽等為閣員。從此，袁世凱集軍政大權於一身。

袁世凱下野那年，就已經是帝國權傾一時的人物，今次重返帝國政壇，乃眾望所歸，自然更加不同。南方上海會議通過一項決議案，即「虛總統之位以待袁反正歸來」。附加條件是：袁世凱須反戈一擊，迫使清帝退位。黎元洪亦致信袁世凱，保證說：「公果能與吾徒共舉大義，將來民國總統選舉時，第一任之中華共和大總統，公固不難從容獵取也。」黎元洪用「獵取」二字，顯現政治的露骨與滑稽，也把他的文化素養，托於世人。相比之下，南方另外幾位漢人領袖的電文，要委婉文雅的多，如汪精衛的「項城雄視天下，物望所歸，元首匪異人任」；如黃興的「袁世凱若能贊成共和，則中華民國大總統一位，斷是項城無疑」。項城者，袁世凱故鄉名也。前人常以此敬稱有地位的人，如段祺瑞是合肥人，就稱他段合肥；如黎元洪是黃陂人，就稱他黎黃陂；如馮國璋是河間人，就稱他馮河間。

閒話少敘。但說此時的袁世凱，可謂進退兩益。然滿人不甘就此把江山歸還漢人，那幫皇親國戚，如載濤、載洵、載澤、溥偉、善耆、良弼、鐵良等，竟公然組黨反漢。良弼更是極力主戰，叱責袁世凱負國不忠。為此，奏請隆裕太后，罷免袁世凱，與漢人叛軍血戰到底。

隆裕太后接到奏呈，左右為難，舉棋不定。恰此時，袁總理的辭職報告，卻已遞到她的案幾之上。隆裕太后自言自語道：「是誰這等嘴快？內廷之事，轉眼即傳到袁愛卿耳裡，這可如何是好？」正言語，急件又至，說甘肅和新疆那邊的官員，已被叛軍殺死。這手裡的急件沒放下，新的又至，說蒙古活佛、西藏喇嘛，也宣佈獨立了。隆裕太后跺著腳，拿手絹拭淚道：「要命嘛這不！快請慶親王。」

慶親王急忙趕來，見過隆裕太后，別無多言，但有一句，只在袁世凱身上：「惟此人不能保我大清。」隆裕太后下旨，命慶親王去慰留袁世凱，不要讓他與良弼等人一般見識。慶親王還帶去一等侯爵的封賞，卻被袁世凱拒絕。於袁世凱而言，爵位還有什麼意義，便封他一個王爵，哪有他在漢人心目中的地位重要。袁世凱現在什麼地位？地不分南北，漢人皆尊崇之、仰慕之，他是那一時代惟一可以結束動亂、恢復秩序的英雄。人民需要安寧，社會需要穩定。而這一切，只有袁世凱才有能力帶來。人民乃至整個社會，都對袁世凱翹首以待。這樣的地位，豈是滿人的什麼爵位可以替代的？

袁世凱雖然出任內閣總理，但想到載灃依舊攝政，頭上坐著一個太上皇，不便行事。因此，帝國的重大事項，依舊上報至載灃那裡，請他定奪。載灃定個什麼奪？他有那兩下子，也就不必腆著老臉，請袁世凱出山了。袁世凱是他一腳踢走的，如今也是他拱手請回的。可什麼事，還得讓他載灃拿主意。關鍵時候他無定見，直接涉及帝國安危，這還了得，他載灃當不起這歷史的罪人。乾脆騰地兒，給幹得了大活的人去幹。載灃於是向隆裕太后請辭攝政王一職，慶親王奕劻從中曉以利害，隆裕太后以為有理，便准了載灃的請辭。清室江山，全權託付漢人袁世凱去打理。隆裕太后為鼓勵袁世凱平叛，親撥銀兩百萬，用於作戰經費。

袁世凱走馬上任，並沒有像滿人政權期待的那樣，向南方漢人叛軍開戰，而是展開和談。滿人那個氣：「嘿，好個袁世凱，叫你去平叛的，權也給了，錢也給了，臨了，你倒好，做起好人來。敢情還是你們漢人一家親，這不是要我們滿人嗎？」但袁世凱對和談代表團的一番訓話，多少又讓皇室找回一些尊嚴與慰藉。袁世凱接見北方和談代表團成員時指出：「本人世受國恩，更當捐軀圖報，只知維護君憲到底，不知其他。」這也一度成為南北和談之北方代表團的底牌：在避免戰爭、恢復秩序的前提下，維持君主立憲制的發展方向。但南方和談代表團堅持共和政體。雙方互不妥協，談判也因此中斷。

北方首席談判代表唐紹儀，乃袁世凱部屬，留美出身，久沐西方文明，素欽共和。南北談判陷入僵局不久，唐即向袁世凱提出，就共和、君主立憲問題進行全民公決。袁世凱就此徵詢於王儒林：「儒林，你怎麼看？」王儒林道：「唐代表所提之全民公決，是極好的。這是憲政的一部分，國家歸人民所有，國家朝哪個方向去，自然取決於人民的意志。」

袁世凱點頭相贊，遂以內閣總理的身分，提請中央政府，批准這一提案。缺少了載灃的清政府，也就缺少了主心骨。隆裕太后與溥儀小皇帝，可謂孤兒寡母，他們能主宰得了什麼？隆裕太后只有順從民意，下懿旨召集國會；同時授權內閣總理袁世凱，迅速擬定投票辦法，就帝國政體，舉行全民公決。

這個時候的滿清皇室，也並非我們想像的那麼柔弱無力，瘦死的駱駝比馬大，百足之蟲死而不僵等等，這類俚語，就是指一個政體的。要推翻一個運行近三百年的政權，若非借助其內訌，打個一二十年，也未必能取勝。一個政權，無論其權力來源，也無論哪一種族，只要它肯低下高昂的頭顱，平視反對派，善待民意，且勇於向舊制度說再見，那麼，作為反對派的一方，或作為叛亂的一方，抑或要求進步的民眾，有什麼理由不善待這樣的皇室及其政權呢？

然，就在中央政府緊鑼密鼓積極籌備全民公決時，南方背信和談機制，突然宣佈建國，選舉孫中山為中華民國臨時總統。從此，中國人與全民公決這類民主機制，失之交臂；從此，全民公決成為中國人最為陌生的政治詞彙；從此，中國人喪失全民公決的基本權利；從此，中國人再無權參與政治進程。作為專制體制下的一員，我理解全民公決對於中國人的意義，也理解它是打開專制枷鎖的一把鑰匙。但南方叛軍的背信行為，切斷了中國人通往民主自由的道路，他們理當受到歷史的審判。

南方突然建國的消息，震驚全國！袁世凱懵了，皇室也懵了，使處於僵持之中的南北關係頓時惡化。此前，孫中山竭力向袁世凱表明的坦誠與妥協，蕩然無存。孫中山宣誓就職當天，他再次致電袁世凱，表達虛位以待的誠意，說：「如清廷退位，宣佈共和……則以功以能首推袁氏。」隨後，袁世凱致電南方和談代表伍廷芳，說大家說好的，國體問題，由國民公決，你們怎麼突然變卦了？又是建國，又是總統的，是何用意？馮國璋、張勳、張作霖、張懷芝等四十九位北方將領發表聲明，不惜以內戰為代價，維護君主立憲制。其他北方將領及地方勢力，亦極力附和這一聲明。

孫中山雖然撿了個大便宜，但也由此被推上政治的火爐。孫中山深感被燒烤的滋味，趕緊聲明，說只要袁世凱令清室退位，他就辭職。孫中山為臨時總統，已成事實，民國內部也就不再糾纏孰是孰非，皆附和孫中山的喊話內容。球踢了回來，何去何從，又或者施展怎樣的智慧，就看袁世凱的了。

民初，真可以說是一個充滿政治意外的時代。武昌兵變意外功成；中層軍官黎元洪意外被推戴為湖北軍政府首腦；黃興意外博得上海會議的認可而為大元帥；孫中山在最失意的時候意外成為中華民國首任臨時總統；袁世凱意外成為那一時代的政治杠杆。

從黎元洪到黃興，再到孫中山，無疑是那個轉型時代的平庸之輩，但這三個漢人福星高照，意外成為民初歷史的一部分。所以說，孫中山真是幸福臨門的運氣之人。相對於這三人，袁世凱可謂才能具備，實力無雙，卻落得夾縫中求生存。

當帝國十七省紛而獨立之時，滿清政府才又想到袁世凱這位被罷黜的漢人。滿清皇室很清楚袁世凱在漢人心目中的地位，只有他有能力，去影響獨立的各省，去影響漢人軍官。而漢人，無論軍界還是政界，無論是帝國政府一方還是反政府一方，均認為袁世凱是他們一致信賴的人物。假如沒有武昌兵變，假如清帝國鐵板一塊，袁世凱也絕對得不到這樣的榮耀。這個政治意外，恐怕連袁世凱也想不到。

袁世凱重出江湖，意味著在清帝國內部出現三角關係：皇室－袁世凱－反政府軍。袁世凱意外地成為這個三角關係中的那個杠杆。他偏向誰，誰受益；也因此，他成為另外兩方極力籠絡的對象。這時再回看袁世凱被載灃免職時的泰然，才知道什麼叫處驚不變與高瞻遠矚。

最後的聖旨

袁世凱久曆政壇，養成縝密行事的風格。因此，在勸清室退位的問題上，無法做到快刀斬亂麻，令孫中山及其南方黨人失去耐心，是以把孫中山倉促推上臨時總統的寶座。老袁抱怨老孫言而無信，老孫也滿腹委屈，心想：「老袁呀，革命不是請客吃飯，該出手時就出手。再者說，你哪見過不流血的革命？拋頭顱，灑熱血，這是革命的永恆主題。俺老孫是革命者，啥意思？就是要人老命的，當然，人家不肯把老命拱手讓咱老孫拿走，那就打唄。於是就有了暴力革命；於是，不是你死，就是我活。一場革命下來，一地血淋淋的頭顱，猶如初冬漫山遍野的香山紅葉，充滿革命的浪漫主義。」

老袁也會暗自嘀咕：「別以為咱不懂，什麼革命就得流血，人家英國的光榮革命，就沒流血嘛。甭用這些雲遮霧障的理論搪塞咱，你說說該怎麼辦吧，說好的讓我做民國第一任總統，你食言了。」

老孫同樣會暗自嘀咕：「俺老孫不改初心，還是那句話，你老袁讓大清退位，咱就把總統大位讓給你。老孫都承諾到這個程度了，你老袁也不說快點把紫禁城的孤兒寡母解決了，依舊懷柔，你老袁鑾婦人之仁的嘛。」

老袁也沒工夫跟叛軍方面磨牙，他趕緊跟紫禁城裡的隆裕太后談條件，一談了就是兩個月，才算完事。末代皇帝溥儀在回憶錄《我的前半生》中，記述袁世凱進宮，跟隆裕太后談退位的事，大致的情景是這樣的：袁世凱跪在隆裕太后面前，淚流滿面；隆裕太后也是涕淚交流。君臣就這麼說說哭哭，耗去大半天的工夫。兩人說些啥，溥儀沒有記述。想來，也無非各自勸慰的話。袁世凱說：「太后，退位這事，臣等也並非情願。這是沒有辦法的辦法，歷史車輪行至腳下，往前一步，海闊天空；停滯不前，必有激變。見好就收，上上策也。」隆裕太后泣不成聲：「袁愛卿啊，哀家何嘗不知道往前一步的好處，可我母子性命堪憂，如何是好。」袁世凱跪著，俯身相告：「太后，這倒多慮了。臣等以身家性命，擔保皇室無恙。就是每年的皇室優待費，也絕無絲毫差池。」隆裕太后哭濕了手絹，她捂著臉，鼻音濃重，有氣無力道：「袁愛卿啊，我母子性命，就交於你了……」袁世凱匍匐下去，連連叩首：「臣萬死不辭！」

以今天的角度去揣測當時的情景，袁世凱未必不顧念皇室昔日對他的舊好；隆裕太后未必不顧念老臣袁世凱的厚道，以袁世凱的實力，把皇族及其軍隊，殺個乾乾淨淨，綽綽有餘。他竟然沒有那麼做，且提出優待皇室，有什麼理由不遵從袁世凱退位的勸諫呢？

得到南方的政治確認，袁世凱與內閣大臣聯名提交報告，要求清室順應世界潮流，還政於民。在這份報告中，內閣援引孟子的民重君輕理論，勸誡清室，不要逆潮流而動。一九一二年初，袁世凱再次入朝，謁見隆裕太后，請其定奪帝國未來。用定奪措辭其間，最大程度地保留了皇室尊嚴。行動上，袁世凱更是雙膝跪地，行君臣大禮。隆裕太后見袁世凱體態臃邁，兩鬢染霜，跪在自己面前，一行老淚不由得灑落下來。袁世凱充滿感情地道一句：「太后……」便再也說不下去，竟一度哽咽起來。隆裕太后那紙片一樣的身子抖了抖，聲音嘶啞道：「愛卿……」袁世凱始終無法繼續他的下文：「太后……」隆裕太后亦然：「愛卿……」這就麼一來一往地僵持著，寶殿內淒然死寂。

良久，隆裕太后打破沉寂，哽咽道：「袁愛卿，你要說什麼，哀家都知道了。這國體問題，已然無回天之力。就這麼著吧。只是我母子二人，懸諸卿手，卿須好好辦理，總教我母子得全，皇族無恙，我也不能顧及列祖列宗了。」聽到這兒，袁世凱竟哭得一把鼻子一把淚：

「太后勿憂，老臣謹尊懿旨，當竭盡全力，保護皇家不受侵擾。」

袁世凱出朝時，已是晌午，總理衛隊前呼後擁，扈從袁世凱乘輿而出。在去外務部的途中，袁世凱於東華門大街遭到刺客的炸彈伏擊。炸彈從路旁的茶樓拋下，王儒林及一巡警，當場身亡。傷者，更是十多人。袁世凱畢竟軍人出身，臨危不懼，面不改色，他挑開輿簾，指揮若定：「兇犯就在樓上，迅速包抄上去！」遂又令車夫及幾個貼身侍從：「我們走。」嘩嘩一陣風，袁世凱乘輿遠去。

衛隊不敢怠慢，雷厲風行，即至茶樓，當場逮捕多名涉案嫌疑人。將嫌疑人移交警察當局後，經審訊得知，刺客為楊禹昌、張先培、黃之萌等，均為南方黨人。刺袁的動機，竟是不滿南方臨時政府對於袁世凱的妥協。除七人因證據不足被法國記者保釋外，楊禹昌、張先培、黃之萌三人被處以死刑。

被南方黨人所刺，雖為袁世凱在滿人親貴那裡贏回一點信任，但強勢的滿人不為所動，旗兵貴冑組成的陸軍第一師揚言，只要隆裕太后一下遜位諭旨，他們將立即圍攻袁內閣；有人則聲稱，他們已在袁世凱居住的錫拉胡同埋下了地雷；軍界的保皇派則公開通電聲稱：「我輩軍人為保皇室，不得不籌最後之手段。」滿人原住地的東北三省當局，則以陸防全體軍人的名義，致電帝國內閣，揚言：「東三省勤王軍隊業經組織，聽命開拔。」這是對內閣總理袁世凱的直接威脅與挑戰。

以貴胄少壯派軍人組成的宗社黨，在當時仍然是一個極有勢力的組織。良弼、溥偉、鐵良都是這一黨的中堅人物，他們揚言願為反對共和、反對遜位而決戰到底，並且他們已在京津一帶展開恐怖活動，就像孫中山相向而行的那樣。

帝國內閣民政大臣桂春聲稱，為了回答各地漢人對滿人的仇殺，宗社黨已組織了滿族員警和貴胄學堂的學生，將對京中漢人實行報復；遠在西安的陝甘總督升允已通電帶兵勤王，離開西安，隨時準備出潼關。

袁世凱雖有一定乾坤的政治軍事本錢，但皇族勢力卻仍然有效地控制著北京。袁世凱下野三年的時間裡，京城的衛戍部隊發生巨大人事變動，這支精良的部隊，由滿人全權指揮。袁世凱為複出者，他本人在北京的衛隊僅有三百五十人，像滿人要員良弼、溥偉、鐵良等，隨便哪一個，都能對袁世凱構成極大的威脅。在如此劣勢的情況下，袁世凱入宮勸隆裕太后退位，風險係數不言自明。

滿清貴族試圖幹掉袁世凱；南方亦施壓袁世凱。此時的袁世凱，成了風箱裡的老鼠，兩頭受氣。袁世凱從不缺少決斷，見滿人勢力來勢洶洶，他即刻調陸軍第三師（曹錕掌控）入京護衛。同時，令段祺瑞通電警告滿清皇室，若拒絕共和，僅存的政府軍必定嘩變。

袁世凱被刺後的第十天，滿清貴胄良弼，在光明殿胡同私宅附近被刺，不治身亡。良弼乃滿人權貴中，強勢堅持帝制者，亦是主戰派的核心人物，時任軍諮府軍諮使，是宗社黨中反對與南京議和和阻止清帝退位最為有力的人物，並以此被推為該黨首領。漢人激進分子，早將其視為眼中釘，肉中刺，必欲除之而後快。

刺殺良弼的彭家珍，為同盟會北方支部的軍事部長。對於良弼，彭家珍早有剷除之心。不幸的是，彭家珍殃及於那枚土制炸彈，當場身亡。

自袁世凱被刺後，他便稱病，不再入閣辦公。想到王儒林的死，袁世凱每每哽咽著，跟身邊的工作人員叨念：「若非儒林挺身相護，那天死的人必定是我。儒林去矣，如失一臂；資政已無，誰與度艱。」

因情緒不佳，身體微恙，袁世凱將清廷退位的事宜，交於民政總長趙秉鈞和外交總長胡惟德辦理。良弼的被刺，段祺瑞的警告電文，有效地遏制住滿人反擊漢人的衝動，從此再無人敢在御前會議上反對清帝退位。就連皇族中最有影響的兩個親王奕劻與載灃，也開始以「人心傾向共和，軍無鬥志」為據，說服隆裕太后遜位全終，以自行頒佈共和為條件，換取皇室的優待條件。梁士詒在日記中這樣寫道：

良弼被炸之日，京師風雲至急，入朝行禮後，隆裕太后掩面泣云：「梁士詒啊！趙秉鈞啊！胡惟德啊！救我母子二人性命。」趙秉鈞大哭，誓死保駕。我亦不禁泫然。

至此，清室就退位以改共和，形成一邊倒的意見。隆裕太后代表清政府，授權袁世凱，與南方叛軍商討退位條件。隆裕太后提出三點要求：

大清皇帝尊號相承不替；

遜位一詞不用；

官禁及頤和園隨時聽使居住。

袁世凱隨即提出優待皇室的條件，亦呈示內外：

大清皇帝永傳不廢；

大清皇帝歲俸四百萬兩；

滿蒙回藏與漢人一律平等；

王公世爵，概仍其舊；

保護一切私有財產。

良弼之死，令皇親國戚惶恐不安，紛紛逃離京城，獨獨留下隆裕太后及五歲的小皇帝溥儀，來承接塌下來的天。

這天，隆裕太后詔內閣總理袁世凱入宮。寶殿上的隆裕太后，從無如此決絕，她堅定地告訴袁世凱：「哀家要順應潮流，親手終結大清帝國的統治，任你等共和為之。」說完，紅光滿面，遂又面皮紫漲，進而兩眼一瞪一合，仰身倒地，昏厥過去。後經太醫調理，幸無大礙。

一九一二年二月八日，隆裕太后抱著六歲的小皇帝溥儀，在中南海養心殿，正式決定：清室退位。立憲黨魁張謇，為清廷敲定退位詔書。三天後，佈告天下。這是大清帝國統治漢人、統治中國兩百多年來的最後一道聖旨，我們簡略如下：

朕欽奉隆裕皇太后懿旨，……外觀大勢，內審輿情，特將皇帝統治權歸諸全國，定為共和立憲國體。袁世凱前經資政院選舉為總理大臣，當茲新舊代謝之際，宣佈南北統一之方，即由袁世凱全權組織共和政府，為一大中華民國。欽此！

要說，這袁世凱了得，兩個月間，竟不聲不響，在紫禁城裡搞了個和平演變。咱們想想，滿人對漢人二百六十七年的統治呀，同時也是兩千多年的帝制呀，被袁世凱彈指一揮間，沒了。南方叛軍所想像的清室退位，望京城內外，火光四起，屍橫街巷的悲慘景象，並沒出現。由此可見，袁世凱不愧為一流的行政專才，其積極穩妥的工作效率，令人讚歎。

袁世凱以武昌兵變為契機，恭請清室遜位，與英國光榮革命、日本明治維新，堪稱人類政治史上的三大奇跡。

隆裕太后十五歲嫁入深宮，丈夫不愛，婆婆不疼，裡外一個受氣包。千年媳婦熬成婆，三十歲的她卻成了寡婦。但她畢竟是太后，繡簾之前的小皇帝既然無法親政，帝國大事，表面上還要以她的懿旨為斷。而她所能斷的，卻是帝國的滅亡。好個生不逢時的隆裕！

隆裕太后，本名葉赫那拉・靜芬。光緒帝一死，她成為寡婦；溥儀即位，她被尊為皇太后，徽號隆裕。正史載她，寥寥數筆。倒是稗史，或昏庸、愚蠢、妒婦，或端莊、賢淑、仁慵，好壞加諸一身。但德齡憶隆裕，說到她的見識：

我知道每一個國家都有一個最高統治者，而有些國家是共和政體，像美國就是，美國對我們很友好。不過遺憾的是現在到美國去的都是些平民，沒準人家美國人以為我們清國都是這樣的人，我倒真希望能夠有幾個滿洲貴族去，好讓他們知道我們到底是個什麼樣子。

應該說，隆裕太后的見識，遠遠超出歷史對她的認知與評判。

光榮屬於袁世凱

清室宣佈退位後，孫中山隨即向南京臨時參議院提出辭呈，以實現讓位袁世凱的承諾。在臨時參議院召開的臨時總統選舉會上，十七省代表一致選舉袁世凱為中華民國臨時總統，並將這一選舉結果，於當天通知了遠在北京的袁世凱。臨時參議院在信中，對袁世凱進行了極端讚譽：

袁慰亭先生鑒：昨孫大總統辭職，經本院承許，業已電達尊處。本日開臨時總統選舉會，滿場一致，選定先生為臨時總統。

查世界歷史，選舉總統滿場一致者，只華盛頓一人。公為再現。同仁深幸公為世界第二之華盛頓，我中華民國第一之華盛頓。統一之偉業，共和之幸福，實基此日，務請得電後，即日駕蒞南京受職。

由於種種複雜的原因，南京臨時參議院，同意袁世凱在北京就職。一九一二年的陽春三月，袁世凱在北京宣誓就任中華民國第二屆臨時大總統。同年金秋十月，眾議院舉行正式總統的選舉，第一次開票，袁世凱獲四百七十一票；第二次開票，袁世凱獲四百九十七票，均因不足法定數的四分之三而流產。根據中華民國總統選舉法，在得票最多的兩人中，舉行第三輪選舉，袁世凱與黎元洪各得五百零七票與一百七十九票。袁世凱當選為總統，黎元洪為副總統。次年十月十日，袁世凱在故宮太和殿，宣誓就任中華民國首任正式總統。這一天，被定為中華民國國慶日，又稱雙十節。

有趣的是，太和殿乃前清皇帝登基的地方，同時還是重大節慶及皇帝誕辰，受百官朝賀的地方。袁世凱於此就職，有代清受命之嫌。這便涉及袁世凱權力來源的問題。在清帝退位後，由袁世凱以外務部的名義發出的致各國照會中，赫然冠以「全權組織中華民國臨時政府首領」之名。而且，在這些照會中，還更為明確地提出「袁世凱前經諮政院選舉為總理大臣，當茲新舊代謝之際，宜有南北統一之方，由袁世凱全權組織臨時政府」。很顯然，袁世凱想通過這樣的措辭向人們表明，新政府組建的法理基礎來自於前清政府的敕命，與南方的叛軍並沒有什麼牽涉。

更有趣的是，袁總統權力的來源，南北各自解釋，都解釋得通。我們權且將其稱之為一九一二年的南北共識，簡稱「一二共識」，即一個總統，各自表述。南方會說，袁世凱既然繼任第二任中華民國臨時總統，說明他承認了南方政治實體，而他的前任就是第一任臨時總統孫中山。北方也找到了依據，袁世凱的對外照會，明明白白寫著，「由前內閣總理大臣袁世凱全權組織中華民國臨時政府」。而且，南北都承認袁世凱的權力來源於他那一方，且各自安然無事。其間的袁世凱，對南方說得過去，對北方也有合理的交待。他成為贏家，而南北各方政治勢力，也認為自己是贏家。如此皆大歡喜，民初也是絕無僅有的事。最終的贏家屬於袁世凱，自然，光榮亦屬於袁世凱。

袁世凱承武昌兵變之機，東山再起。皇室仰仗他去鎮壓叛軍；叛軍亦仰仗他去逼皇室退位。袁世凱則需要這兩方的政治支持，事實上他也做到了兩方對他的政治依賴與合作；他成為清末民初，惟一南北通吃的贏家。袁世凱的這個南北通吃，並非武力脅迫，而是最具現代意義的政治妥協。皇室主宰也就是帝國中央頭號人物載灃，與袁世凱可謂死敵，但袁重出江湖後，並沒有一朝大權在握，便濫殺無辜，或報仇雪恨，載灃的體面下野，既是明證。袁世凱為漢人在中國政治舞台上的崛起，樹立了典範。儘管有稱帝方面的所謂瑕疵，仍不能抹殺袁世凱作為二十世紀中國首席政治家的地位。

袁世凱的善於妥協，成為他南北通吃的政治法寶。比如叛軍一方反復向袁世凱許諾，說將來的中華民國總統一職，非袁莫屬。最終他們還是失信，袁世凱採取妥協忍讓的方式，化解彼此的不信任。袁世凱大權在握，由大清內閣總理搖身而為中華民國總統，他並沒有清算失信於他的人。就是民國第一部憲法（時稱《臨時約法》），也是孫中山等人回鍋重造，為袁世凱量身打造的（孫中山當總統，憲法規定民國實行總統制；袁世凱當總統，憲法規定實行內閣制）。西方有條黃金律（Golden Rule），係聖經和基督教中的為人準則：即以你希望他人如何對待你的方式對待他人。這在漢人教義中也有體現，叫做己所不欲，勿施於人。很顯然，孫中山在憲法問題上，把自己不喜歡的東西（內閣制）施於袁世凱。這豈止是不厚道，直接就是挾國家制度，行個人之私。

好在袁世凱沒有挾私報復，而是在憲法框架下，推動帝國向共和過度。當最具實力的袁世凱被憲法捆住手腳，不能施展政治抱負時，而國會及內閣，又無法填補權力空白，剛剛誕生的共和國便秩序大亂。而承擔這一政治責任的，卻必須是眾望所歸的袁世凱。以袁世凱那樣的政治強人，絕對不願做這樣的冤大頭，他決心掙脫束縛，大刀闊斧的向世人展現自己的政治理想。這也恰恰是袁世凱從光榮劃向恥辱的重要一步。

袁世凱錯了嗎？對於共和國的政治亂局、內憂外患，袖手旁觀是他的錯，衝破藩籬搞單邊主義是他的錯。此時此刻，擺在袁世凱面前的，沒有第三條道路——或有第三條道路，那就是他澈底下野，任由內戰蜂起。那時，他既不是功臣，也不是罪人。亂局中的共和國，需要一個無所作為的政客，還是需要一個不完美但有擔當的政治家呢？顯然需要後者。這是那個時代的共識，袁世凱被政界、叛軍、人民所期待，他難道怕史留罵名，就畏縮了嗎？袁世凱義無反顧，走向註定任他怎麼做都留汙點的政治舞臺。事實表明，袁世凱果真成為中國近代史上臭名昭著的人物。袁世凱「我不下地獄誰下地獄」的犧牲精神，並沒有得到中國歷史應有的尊重。袁世凱原本是漢人的光榮與驕傲，而其後的漢人政權卻將他釘在歷史恥辱柱上，這無論如何都是一件令人遺憾的事。

第二章

探路者

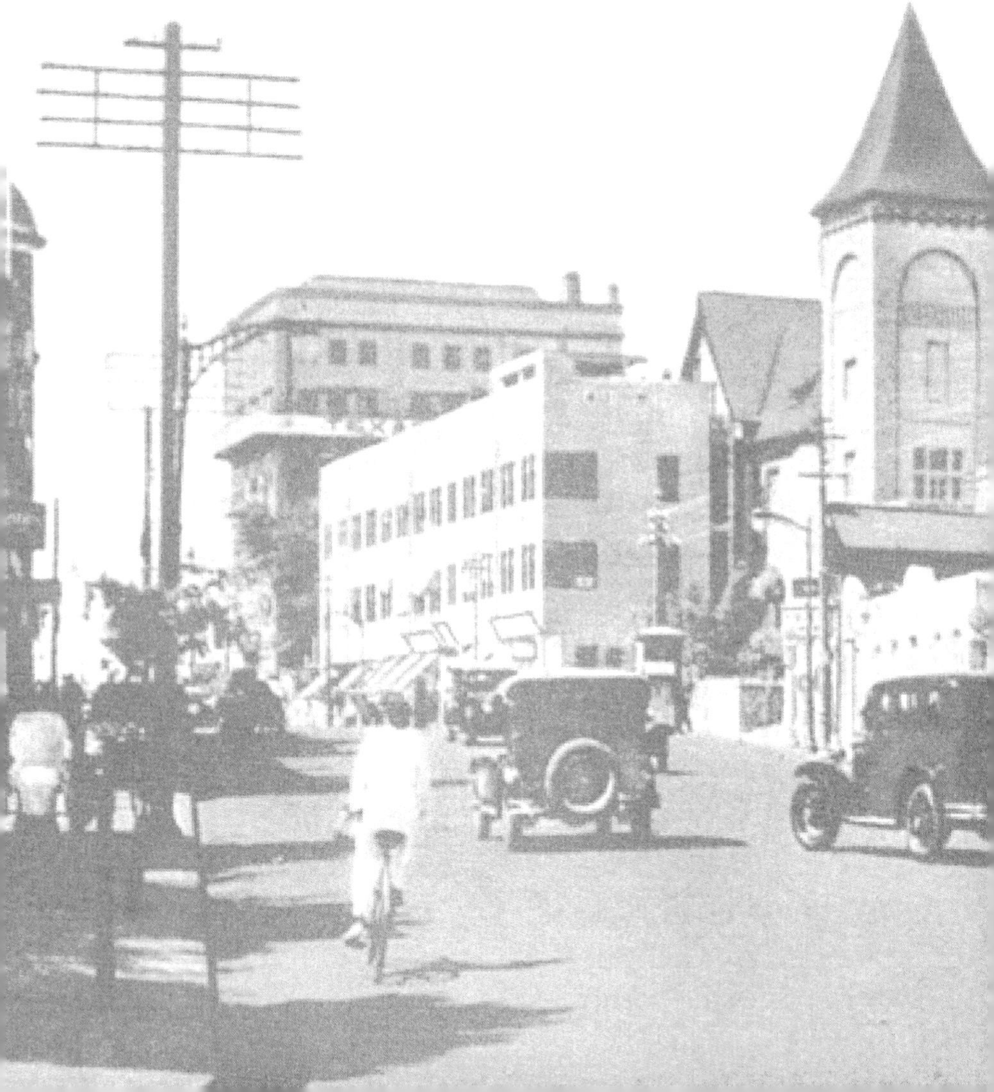

四十五天

清末民初的政治人物，我給出的定義是：迷茫的一代。孫中山的共和之路，袁世凱的共和之路與帝制之路、張勳的複清之路，如同英國的帝制與共和之間的反復，如同漢初的封建制與帝制之間的反復，都離不開一種探索性。其間若有私意，若存瑕疵，並非不可原諒。

在走什麼路的問題上，慈禧有個不得不清醒的認識，甲午年的時候，大清帝國敗於東瀛島國，可謂奇恥大辱。大臣們告訴慈禧，說這都是日本全盤西化的結果。大臣們尤其強調，新近的日俄戰爭，俄國那龐然大物，亦成為東瀛島國的手下敗將。這震驚了慈禧，使她決心按照西方人的那一套政治制度，治理千瘡百孔的帝國。

一九〇五年，慈禧特派載澤、戴鴻慈、徐世昌、端方、紹英為高級代表團，赴歐美各國考察憲政，為立憲作準備。高級代表團離京啟程時，載澤、紹英在北京正陽門火車站被南方黨人吳樾炸傷。恐襲事件，並未阻止帝國的憲政腳步，代表團成員改尚其亨、李盛鐸代替徐世昌和紹英，行期也稍作推遲。這年秋天，載澤、李盛鐸、尚其亨等赴英國、法國、比利時等國，戴鴻慈、端方等赴美國、德國、義大利等國，考察各國憲政。次年，各大臣陸續歸國，向慈禧報告立憲的益處，頗受慈禧賞識，故於當年秋，對外宣佈預備立憲。轉年，即一九〇八年，確定預備立憲的期限為九年。

這意味著，衰邁的大清帝國，將華麗轉身，從獨裁專制政體，走向民主政體；這意味著，行將就木的大清帝國，鳳凰涅槃，浴火重生。清帝國的悲哀就在於，天不假年，慈禧歸西。醇親王載灃，從慈禧手裡接過大清帝國的政權，他雖是憲政的極力反對者，但當他代子君臨天下的時候，便不敢以一己之私，傲視民意。他不僅承諾，繼承慈禧有關立憲的政治遺產，且在加快立憲的呼聲中，又給出自己的承諾，變九年為五年。也就是說，大清國立憲的進程提速了。要說政治體制改革的雄心與力度，清末的立憲，中國自近代以來，堪稱無二。此後一百多年間，再無此雄心與力度。

在政體上，選擇什麼路的問題，在當代中國成為不可討價還價的原則性問題。尤其胡錦濤執政時，他告誡全黨全國人民，不能走邪路。胡錦濤所指的邪路，即西方的憲政之路。這是中共一脈相承的政治思路，在第一章〈漁翁出山〉一節，我們已有論述，此不繁贅。總而言之，對中共所堅持的政治路線倘存異議，必定視為異己而嚴懲不貸。他們有時也會適當的予以解釋，說中國人在前進的道路上，什麼路都走過了（即孫中山之路、袁世凱之路、張勳之路、蔣介石之路），探索了很久，走過帝制的路，不行，走共和；又覺得共和不行，回頭再走帝制；帝制還是不行，又跑到共和的道上來。走呀尋呀，發現國民黨搞的那個共和也有問題，共產黨人這才暴力推翻國民黨主導的中華民國這一政權，走向自己的共和。嚴格說來，是一黨專政下的共和，而非憲政下的那個共和。

國共分別主導的這兩個共和到底有什麼不同呢？當然不同，國民黨那個共和，是資本主義的，統治者什麼事都叫憲法管著，黨派林立，新聞自由，表面上看，全國亂哄哄的，缺乏威權性、缺乏統一性、缺乏惟一性、尤其缺乏全民共仰的神主，所以失去對大陸的治理權。毛共的那個共和，是社會主義的，統治者說一不二，黨派統歸共產黨領導，新聞有黨說了算，全國同一個領導、同一個神主，那就是毛澤東（此即家天下是也）。中共高官陳雲就說過：「在國民黨統治時期，制定了一個新聞法，我們共產黨人仔細研究它的字句，抓它的辮子，鑽它的空子。」就說，國民黨的共和國搞多黨制、搞新聞自由、搞憲政，所以，中共鑽了國民黨的空子，建立起自己的政權。這就是中共所說的，中國人什麼路都走過了，最後發現，還是一黨專政這個路好——別的黨派都無權執政，只有共產黨執政，才是最好的選擇。這些說法有問題嗎？站在中共的角度，當然沒問題。以局外人的觀察，以歷史的角度，我們當然另有見解。畢竟，前人探索過的路，都有其獨有的歷史價值可供借鑒。以孫中山之路為例，他雖然僅做了四十五天的總統，但那畢竟是一個新紀元。

說來，又是一個有趣的時刻，孫中山就職的地方，竟然是原太平天國的天王府，那是洪秀全的腐敗之地，孫中山就此君臨南方半壁江山，讓人恍如天國再現。洪秀全政權是短命的，但孫中山政權更加短命（之後的蔣介石政權、汪精衛政權，都從這裡敗落）。這天王府，真有些不祥之地的意味。這是回看歷史，當時的人，不會做此聯想。孫中山就職那晚，臨時總統府彩燈高懸，軍樂齊鳴，氣氛莊嚴肅穆。四十六歲的孫中山，在數百擁護者的歡呼聲中，宣誓就任中華民國第一任臨時總統。

孫中山之所以登上總統寶座，還有一種說法，政府軍嘩變後，中央政府切斷他們的一切供給。造反容易造飯難，叛軍沒飯吃，這時就出現有奶便是娘的生理反應。恰這時的孫中山由美國回來，他又頂著一個海外籌款的名分，飢餓的叛軍都以為孫中山有錢，於是把希望寄託在他身上，選他做總統，一定有飯吃。上海會議又何嘗不是這麼想的。然，當記者就此相問時，孫中山卻說：「兄弟一錢不名也，帶回來的只是革命精神耳。」事實上，孫中山除了三寸不爛之舌之外，別無長物。

孫中山很清楚，他遠不配總統這一角色。就在他就職臨時大總統時，外號章瘋子的章炳麟便公開向他叫板，說臨時大總統這一位置，論功應屬黃興，論才應屬宋教仁，論德應屬汪精衛。也就是說，橫豎都輪不到孫中山。這幾乎成為南方臨時政府大多數人的共識。因此，孫中山不敢拂逆眾意，趕緊聲明，兄弟絕不戀位。

孫中山的臨時總統一職，滿清皇室一方視為篡逆，袁世凱一方視為不誠，同道一方視為不配。這臨時總統一職，就是一架火爐，其中的滋味，只有孫中山自己知道。

如果說孫中山當總統是撿便宜，多少有些不公。客觀地說，孫中山在二十世紀初建立的同盟會，對於清末民初的中國社會，可謂影響深遠。該會由廣東興中會（孫中山、胡漢民、汪精衛等）、湖南華興會（黃興、宋教仁、陳天華等）、江浙光復會（陶成章、章炳麟、蔡元培、秋瑾等）合併而成，孫中山被推舉為總理，這奠定了孫中山那四十五天總統的基礎。單看上面這三組華麗的名單，就知道同盟會的非同凡響。他們影響了那一特殊時期中國的方向、中國的未來；他們既是一個時代的政治符號，也是一個時代的文化符號，還是一部分中國人的精神共主。群主孫中山所提出的恢復中華，成為同盟會的共識，進而成為黨章的核心。

歷史證明，孫中山並不具備領袖氣質。領導一個黨，必須相容並包，他是多種思想碰撞的容納器（整合、梳理），而不是思想的一個埠，尤其不能成為激進思想的埠。孫中山性情剛烈，易走極端，且獨斷專行。同盟會成立的第三年，他未經投票，擅自收受日本政府的資助。同盟會裡的光復派拒絕領袖獨裁，憤然退出。這只是孫中山個性的一端，更多的問題，暴露在日後，突出表現為他的暴力主張。

二次革命失敗後，孫中山流亡到日本。痛定思痛，他總結出二次革命失敗的原因，認為非袁世凱兵力強，而是同黨人心渙散。因此決心從整頓黨務入手，重組新黨，拯救革命。於是，孫中山將公開合法的國民黨，重組為非法的地下組織，即中華革命黨（五年後，複為中國國民黨），並自任總理。該黨組織程式分為軍政、訓政、憲政三個階段。黨的高級幹部不由選舉產生，而由黨魁直接指派。黨章規定，總理對於中央執行委員會的決議，具有最終決定權。孫中山更要求黨員，必須發誓：「願犧牲一己之生命自由權利。服從孫先生……如有二心，甘受極刑。」因此，每個黨員入黨時，都必須在誓約上按手印，聲明犧牲自我，服從孫總理。據親歷此事的居正先生回憶，其時同志中即有人對按指模、服從個人的一些儀式略有異議，而孫公則寸步不讓。居正先生回憶，孫中山在中華革命黨成立會上說（大意）：

革命必須有唯一崇高偉大之領袖，那就是我孫中山；黨員對領袖必須絕對服從；離開我而講共和，講民主，則是南轅北轍；老實說，你們很多事都不懂，見識也有限，所以應該盲從我……

運筆至此，不免要拿袁世凱與孫中山去做比較。僅就第一章所展現出的袁世凱事蹟來看，這個穿古裝（或長袍馬褂，或一身戎裝，或龍袍）的人，卻滿腦子的憲政思想；而穿西裝的孫中山，卻滿腦子的帝王思想，要求屬下，無條件的絕對服從於他，乃至盲從於他。早在《歷史的點與線》一書中，我就提出過「西裝皇帝」這麼個概念，大意是說，極權寶座上的西裝皇帝，其危害遠遠甚於古裝皇帝。孫中山不僅要求黨員絕對的盲從他，還毫不吝嗇的去流同志們的血。可以說，這是孫中山以俄為師（黨領導一切）的直接結果，他全面繼承和發揚了列寧的紅色恐怖主義。這一點，著實令人詬病。

列寧是如何搞紅色恐怖的呢？他明確規定肅反委員會擁有不經審判即可執行槍決的權力。一九一八年九月，列寧公然聲稱，要製造一場針對資產階級的紅色恐怖。《北方公社報》的記錄顯示，僅一九一八年九月，彼得堡一地就有九百四十九人作為人質被捕並處決。《列寧選集》、《列寧與全俄肅反委員會》（下冊）、《全俄肅反委員會考略》等書籍亦顯示，從一九一七到一九二二年間，全俄肅反委員會絞死和槍決的人數達數十萬至數百萬人。據安・鮑・祖波夫主編的《二十世紀俄國史》記載，一九一八年至一九二二年肅反委員會殺死的人不少於二百萬。受害者有反對派成員，還包括社會各階層的平民；前沙皇尼古拉二世全家無一倖免。以今天的視角，號召或領導暴力革命如列寧之流，與二十一世紀恐怖大亨本・拉登（Bin Laden）何異？然，那本・拉登們又如何比得上列寧們的恐怖與殘暴。

與袁世凱比，列寧直如惡魔。袁世凱以和平方式，勸清室退位，而列寧卻以大規模流血的方式，澈底剷除俄國沙皇家一家，包括尼古拉夫婦，以及他們的四個女兒和一個未成年的兒子。此外還有博特金醫生和兩個僕人及一位廚師。紅色恐怖分子起初打算把沙皇一家的屍體埋在廢棄的礦井裡，但都不太成功。最後，屍體經過焚燒和硫酸毀容後，埋在一條馬路下。

歷史事實告訴我們，列寧是紅色恐怖主義的鼻祖；孫中山是紅色恐怖主義的學徒。但孫中山的武裝力量（由遊民組成），能力上僅可以偷襲基層政府機關，他們那些所謂的敢死隊，搞點土炸彈，這裡扔一個，那裡扔兩個；今天襲擊個縣衙，明天襲擊個鄉鎮公所，再不濟偷襲個下班的官員。這些行為與今天的恐怖襲擊，毫無二致。資料顯示，孫中山主導的暴力事件，先後為：一九〇六年的萍瀏之役；一九〇七年的黃岡之役、惠州七女湖之役、防城之役、鎮南關之役；一九〇八年的馬篤山之役、雲南河口之役、廣州新軍之役、黃花崗之役。一九一一年的廣州之役（七十二烈士因此喪生）。

上述恐襲事件中，最早最重要的一件，沒有列入其中，那就是激進分子於一九〇五年九月底在北京車站所引爆的自殺式炸彈，這種行為，多見於今天的極端組織搞的那些自殺式爆炸。激進分子在北京車站的自殺式爆炸，共炸死四人，炸傷二人。激進分子的目標是誰呢？那就是清政府準備派去西方考察憲政的大臣。這意思很明顯，大清帝國要準備走向現代政治文明，告別野蠻的獨裁政權。這是好事呀。然而，激進分子不予認可，他們不希望帝國直接奔向現代文明——憲政，因為他們自有一個文明的標準，即三民主義，先軍政，再訓政，直至憲政。

當出國考察團一行來到北京站時，一輛私人轎車引爆自殺式炸彈，鎮國公載澤和伍廷芳被炸傷，四名官員被炸死，投放炸彈的激進分子亦被炸得粉身碎骨。一九〇五年九月二十五日的

《紐約時報》是這樣報導此事的：

據清國公使館的人稱，這起事件最可能的解釋是炸彈是由一名無政府主義分子投放的。眾所周知，俄國的無政府主義分子在大清國內傳播他們的教義已經有一段時間了，而一個相信無政府主義觀念的祕密團體也已在大清國成長壯大。梁誠公使閣下認為，這次暴行完全是無政府主義分子對大清國現存社會秩序和政治體制的一次盲目攻擊。

另一件是安徽省省長（巡撫），於一九〇七年夏，被激進分子刺殺身亡。刺客是該省警察局副局長，其行為表明，他被激進分子策反並加以利用。當時，這位高級警官正執行公務，負責護送數位政府要員參加省巡警學校的畢業典禮。當省長進入學堂大門時，這名警官拔出手槍向他連開數槍，省長當場斃命。刺客被立即抓獲，並就地處決。斬首前，他承認自己屬於激進組織成員。

上述暴力事件，以一九〇六年的萍瀏之役最為酷烈，犧牲激進組織成員及其親屬逾萬人。同盟會的爆炸、暗殺行動，並沒有換來任何積極成果，有的只是無為的犧牲和滿地血淋淋的人頭。而武昌兵變，同盟會意外地成為一個旁觀者。這說明，一個政權傾覆，其內部問題才是關鍵。僅靠外部那一星半點兒的暴力事件，不僅無助於事物的發展，相反還會從某種程度上，讓統治集團內部更加團結，如皇室與被免職的袁世凱，便因為武昌兵變，重新走到一起。

由此我們得出一個新的判斷，毛澤東的「星星之火可以燎原」的理論，在政治上並不見的那麼嚴謹。歷史上任何政權的垮塌，無不來自內部。清政府不腐爛，武昌幾個下級軍官，動搖不了它；蔣介石的大陸政權不腐敗，毛澤東那星星之火也燎不了原。推及滿清之前的中國各政權，如內部不腐爛，新的政治勢力也一定無法取得成功。所以說，孫中山雖然善於暴力，而滿清政權的垮塌，卻與他並無直接的關係。他是武昌兵變的旁觀者，同時還是那場兵變的意外受益者。

孫中山的暴力革命思想，並非與生帶來。除了他的幫會思想外，他在國際社會的受挫，是一個重要原因。孫中山在與袁世凱的角逐中，極力想獲得西方支持，為此曾向英美日等國承諾：如獲支持，英美日等將從中獲益；他甚至提出把財權置於美國人的監控之下；把中國海軍置於英國人的監控之下；甚至割讓更多的租借地給英美。對日本，孫中山則承諾把滿洲租讓給日本；把成立國家中央銀行的權利讓給日本人；把中國市場全面向日本開放，日本產品進入中國可以免征進口稅。尤其孫中山以東三省相送這種飲鴆止渴的計畫，都未打動日本人。相反，日本當局更加支持袁世凱。孫中山轉而聯俄聯共，為列寧信徒，其大罵西方議會體制，大約就是日本人刺激的結果。日本人之所以不信任孫中山，大約覺得，這是個草莽英雄，靠不住；日本人信任袁世凱，大約覺得，袁世凱才是中國的政治定海神針。

與孫中山比，袁世凱雖多於政治算計，卻不見他有什麼行刺或組織行刺他人的記錄（持有偏見的史學家往往把行刺宋教仁的罪名，強加於袁世凱，可畢竟查無實據）。相反，袁世凱還因主張憲政而被南方黨人行刺。再反觀孫中山，其所組織的暗殺事件，史載不迭，有目共睹。列寧對孫中山的惡行，竟也贊口不絕。這樣的一個人，何以高居廟堂，成為國父？實在難以理解。

八十三天

【稱帝前後】

袁世凱在總統位置上，坐了三年多，綜合各方面的考慮，認為共和不適合本國國情，遂改回帝制。所謂改回，不是回到滿人的那個帝制，而是另起爐灶，新肇一個漢人帝國。劉邦的漢人帝國，四百多年；朱元璋的漢人帝國，二百多年；袁世凱的漢人帝國，只有短短八十三天。劉朱的帝國，成為漢人的驕傲；袁世凱的帝國，卻成為漢人的恥辱。

漢人之所以如此不待見袁世凱，不待見本民族的這位政治領袖，源於各種主義的興起，什麼民主主義、民生主義、民族主義、資本主義、社會主義等等，都在袁世凱時代興起。人們為區別好壞、區別敵我，給對立一方打上令人不待見的主義標籤，那麼他以及他這個陣營，就成了正義的化身。袁世凱稱帝本身並沒有對國家、對民族的惡意，換句話說，就是沒有加害國家、加害民族的故意。然而，激進分子為了自身利益，把稱帝概念偷換為倒行逆施，甚至莫須有的賣國賊、漢奸，統統扣到袁世凱的頭上。袁世凱在中國人的心目中，跟秦檜、汪精衛一樣，幾乎就是永世不得翻身這麼一個角色。

稱帝前，袁世凱與自己的西方顧問如朱爾典、秘書如張一麐、摯友如徐世昌、心腹愛將如馮國璋等，都談及過對稱帝的看法，深切而誠摯，客觀而清醒。那些談話，無論如何，都看不出虛偽與敷衍的成分。至於袁世凱為什麼又背叛自己信誓旦旦的諾言，那又是另一個歷史課題。我們先來看看袁世凱是如何闡述帝制之弊端的。那些話的出發點，自他的家人及子女切入，關涉身家性命，關涉子孫後代的出路等等，絕無自作崇高的辭令，亦無政治人物的煽情。下面，我們逐一來看，他針對不同人，都表達了哪些觀點。他對張一麐說：

近多年來，人人以為共和不適中國國情。世界潮流，我豈不知？但是國外學者，主張亦有兩派。總之，皇帝我絕不做。大凡做皇帝者，多為子孫計。我的兒子克定的本領，叫他佈置錫拉胡同，尚能勝任，叫他佈置洹上村，便辦不了。中國這樣大，他哪能勝任？況且皇帝後代之結果，就歷史上看，何等慘痛！我現在做總統，為國家、為人民打算，不必做皇帝。為我子孫後代打算，更不願做皇帝。

相同的話，袁世凱對他的英國顧問朱爾典也說過。而與馮國璋的相關談話，似乎更為痛徹心扉：

外間種種風傳，余亦略曾聞見。……以余今日之地位，其為國家辦事之權能，即改為君主，亦未必有以加此！且所謂君主者，不過為世襲計耳，而今之大兒子克定，方在病中；三兒子克文，不過志在做一名士，三兒子更難以擔當事務，餘者均年極幼稚。餘對於諸子，縱以一排長之職，均難放心，乃肯以天下之任付之耶？且自古君主之世傳不數世，子孫往往受不測之禍，餘何苦以此等危險之事，加之吾子孫。

袁世凱的意思很淺白：外面都說我想當皇帝，可他們哪裡知道，以我今天的地位，皇帝也未必趕得上。即便就如外界風傳的那樣，叫我的兒子們當個排長都不放心，更何況做皇位繼承人呢？自古以來，當皇帝的，子孫多禍。我又何必把子孫往火坑裡推呢？

在這次談話中，當馮國璋提到，有一天「大總統將中國辦到轉弱為強之際，則天與人歸，恐大總統雖欲遜位，亦奈何不得」時，袁世凱極端震怒：

聞君此言，仍只是在餘身上打主意。餘之四、五兒子，在英留學，餘已飭在英購有少許田園，設他日有此等逼餘者，則餘唯有逕赴外邦，以終老年！

馮國璋把他的老上司真的惹惱了。袁世凱的意思是，怎麼就篤定我要當這皇帝了呢？假如真有那麼一天，大傢伙兒逼我做這皇帝，我拔腿就去英國養老。一句話，不跟你們玩！

再來看看袁世凱是怎麼對徐世昌說的。說到帝制，袁世凱對徐世昌說：「我本意並不想做什麼皇帝，就是這總統位置，也未嘗戀戀，只因全國推戴，不能脫身，沒奈何當此責任。」不久，袁世凱下令政事堂，請他們把自己的意思，擬成電文，轉告全國同胞：

迭接各省來電，有稱帝、稱臣字樣。以予否德，無補國家，推戴之來，何敢當此，行將以區區素懷瀝述於國民。且予從政，前清同僚多屬比肩，何敢受臣下之稱……萬勿稱帝稱臣，使予懷抱不安也。

袁世凱通過政事堂（國務院），向全國人民喊話，說各省給總統府的電文，又是稱帝，又是稱臣，這些言詞，於國無益。有很多前政府裡的同事，如今與我一同服務於民國，讓他們稱呼我陛下，如何敢當？請大家千萬不要再稱帝稱臣了，那樣我會深深不安。

綜上，袁世凱的話，並非言不由衷的虛偽和掩飾。可是，誰都沒想到，此番談話後僅數日，袁世凱便在中南海新華宮，登上中華帝國皇帝的寶座。這幾天到底發生了什麼？使得袁世凱做出一個身敗名裂的決定，至今沒有令人信服的史料與觀點。袁世凱不可能將稱帝這麼天大的事，寄託在對於部屬的搪塞、對於輿論的欺騙之上。沒有軍隊（段祺瑞、馮國璋等將軍）的忠誠，沒有輿論的支持，別說當皇帝，就是當總統也難。相信，這些難處，作為民國總統的袁世凱，已體味至深，就是他提請審議的內閣人選，不是遭到國會的再三掣肘嗎？他難道不知道極權人物一言九鼎的時代已遠去了嗎？他難道不知道自己雖為極峰，不是也要看軍隊將領們的臉色行事嗎？或因此，稱帝前，他才公開發表了那麼多坦誠之見。至於他為什麼失言，我堅信這裡面一定有不為人知的內情。大致的原因，我想不外乎世界各國政要、全國人民的一致意見，即君主立憲制更適合中國國情。還有一層原因，無論是共和制，還是君主立憲制，僅是名稱上的區別，實質運作，都是民主制。也許這些是促成袁世凱改弦易轍的原因之一。我們不妨來看看當時的中外，是如何勸袁世凱稱帝的。

一九一四年下半年，帝制駛入議程軌道。當時的主流國家，無不贊同。日本大使日置益、顧問阪西利八郎、有賀長雄，英國大使朱爾典，美國大使芮恩施、顧問古德諾，德國大使穆默等等，都對袁世凱的帝制，貢獻了積極的意見。尤其袁世凱的美國顧問古德諾，所獻文本最為著名。

就是國內，也是空前的一致。無論各界人士如何的口是心非，但由共和改帝制，這畢竟是全民的大事，甚或關涉個人命運。你把個人的表達權拱手相讓，那是你的權利；你任由政客胡亂代表你發言，那是你的權利；你堅持己見為真理抗爭到底，也是你的權利。中國人有個很壞的習慣，喜歡從眾，尤其缺乏獨立思考的能力。聽人家說共和好，把手拍爛，完全不去思考一個基本事實，即共和同樣也會產生獨夫民賊；忽而又聽人說，帝制好，還是把手拍爛歡呼，同樣不去思考政治精英們為什麼如此折騰多難的祖國；忽而又又聽說，還是共和好，又開始罵稱帝的人狼子野心，他們壓根就不質疑把袁世凱推上皇帝寶座的人，是居何心。梁啟超就對他的學生蔡鍔說，你鼓動老袁稱帝，等他爬上皇帝那架烤爐，我們再拉他下馬就容易多了。人心險惡，無過於此。

蔡鍔謹遵梁老師的教誨，在袁世凱召見他的時候，勸進道：「鍔初意是贊成共和的，當發現南方二次革命的時候，才明白，共和不合我國國情。可見，我中華不能一日無帝。當贛、寧叛亂平定後，鍔毅然決然，倡言變更國體，以實現君主立憲制。當下，元首既有此志，那正是極好的了，鍔當第一個站出來支持，以報恩公多年來的提攜。」

所謂恩公，是指蔡鍔早年去日本留學時，身無分文。是袁世凱慷慨相助，蔡鍔得以去日本留學。蔡鍔步入社會後，在袁世凱麾下聽令，一路順風順水。袁世凱為總統後，更是把蔡鍔調入北京，委以高職。蔡鍔對袁世凱的感激之情，溢於言表，蔡鍔在給各報館的電文中，盛讚袁世凱：「一代偉人，中外欽仰。」即便二次革命的時候，蔡鍔也站到袁世凱一邊，反對孫中山倒袁。蔡鍔公開通電，叫板孫中山，他的電文指出：依據《臨時約法》，總統如果有謀叛行為，應由參議院彈劾；政治上有過失，則由國務院負責。因此，當下的討袁理由是不能成立的。

上文提到的袁世凱召見蔡鍔，聽取他對國體的意見。袁世凱實不知，此時的蔡鍔已在內心深處叛節，他銜師命，前來欺騙恩公，爬到帝制的火爐上，接受全國輿論的唾罵。蔡鍔不僅口頭欺騙恩公，就是一九一五年的那份勸進稱帝文書，都由蔡鍔親筆起草，他與各省政要，恬不知恥的簽下自己的大名。如果說袁世凱稱帝是個歷史性錯誤，那麼梁啟超與蔡鍔之流、各省政要等簽署勸進書者，無疑有罪在先。

袁世凱這邊準備登基做皇帝，蔡鍔那邊悄悄溜出北京，回雲南舉旗反袁。梁老師則把提前寫好的反對帝制的雄文大著《異哉所謂國體問題》公開發表。梁啟超與蔡鍔師生，給袁世凱挖個坑，待其跳進去，又一文一武，各放各的箭，統統射向袁世凱。此時此刻的梁啟超與蔡鍔，為師者顯得遠見卓識、洞察一切，為徒者顯得大義凜然、無所畏懼。然這對師生的所作所為豈止是不厚道，直接就是陰損毒辣。

如果說蔡鍔之舉是以師生之力給袁世凱挖坑，那麼一千九百九十三名國民代表齊聚北京，全票通過君主立憲制，則是集體給袁世凱挖坑。各國大使的鼓動，梁啟超、蔡鍔、袁克定、楊度等人的推崇，以及近兩千國民代表的投票之舉，才是袁世凱稱帝事件的真正罪人。這也只能是一種假設，假設袁世凱的君主立憲制是個錯誤的話。就實質而言，袁世凱的君主立憲制是民主的，君主立憲制嘛，君位是虛的，立憲才是實的，這就跟現在的君主立憲制國家英國、日本等國一樣，都是民主而現代的。

就如袁世凱喪禮期間，記者團團圍住前來弔唁的楊度，問他的政治主張是否還和從前一樣，楊度說：「我的主張始終如一，決不因任何個人的生死成敗而變更。」記者說：「也就是說，你仍然主張實行君主制度了？」楊度說：「首先我必須更正一下你的說法，我的主張是，在中國目前的條件下應該實行君主立憲制，是君主立憲制不是君主制。」楊度所強調的，正是一些中國人的糊塗之處，乃至是一些人的別有用心之處，也就是把君主立憲制與君主制混同。君主立憲制是民主制，君主制是專制，二者有根本性區別。官方把這二者混為一談，便得出這樣一個歷史性結論：袁世凱稱帝就是搞專制。這一結論下的袁世凱，將永世不得翻身。

世界各國以及全國人民，都說君主立憲制好，袁世凱傻乎乎的爬上那架大火爐；這些贊成帝制的人突然把梯子撤走，同聲責罵老袁倒行逆施。中國有成語，叫做釜底抽薪，形容這裡的老袁，應該叫做撤梯加薪。老袁炙烤難耐，說我撤銷帝制還不行嗎？全國上下不依不饒，繼續窮追猛打，尤其南方提出的那些條件：什麼退位，待其一死；什麼流放國外等等。就是這種情況下，袁世凱仍不失政治家的寬廣胸懷，這皇帝你們不讓咱當，咱就不當好了。可謂是，上的去，下的來。

你問問後來的毛澤東會這麼幹嗎？他才是一個退居二線，就拿著黨章衝到政治局會議上大吼小叫：「我來看看，黨員群眾是否有資格表達自己的意見。」你見過這麼大號的黨員群眾嗎？就是劉少奇、周恩來等也未見過，而且見了這個超大號的黨員群眾嚇得如鼠見貓，統統起立，給已無任何權力的毛澤東讓座。接下來呢？中國國家主席劉少奇，被自稱「黨員群眾」的毛澤東弄了個死無葬身之地。毛澤東在一次會上親口說：「你劉少奇有什麼了不起的，我用一個小拇指就可把你打倒！」事實上，毛澤東打倒劉少奇，連小拇指都沒動，他只需一個眼神，劉少奇就死得屍首無存。這一點，袁世凱比得了嗎？

我們說袁世凱稱帝，是梁啟超等人挖坑所為，未免不公。袁世凱身邊的人，當初不也是雙手贊成的嗎？見外國反對，國內反對，於是也裹挾進反對帝制的潮流。袁世凱落得個眾叛親離的下場，這其中包括他的政治同盟加兒女親家黎元洪。袁世凱稱帝后，授黎元洪武義親王，黎拒之。袁世凱很呆，在一九一五年底給黎元洪送禮（親家之禮）時，竟用紅帖書「賞武義親王」字樣，惹得黎元洪老大不快，直接把送禮的人罵了回去。兩天後，袁世凱便改用「姻愚弟袁世凱」字樣，黎元洪這才收下新年賀禮。

袁世凱手下有心腹大將五人，江蘇將軍馮國璋、山東將軍靳雲鵬、江西將軍李純、浙江將軍朱瑞及徐州將軍張勳，他們都是反對帝制的。問題是，之前他們為什麼不反對？他們不敢，怕老頭子不高興。現在為什麼敢反對？因為現在老頭子被帝制弄得名譽掃地，要仰仗他們的軍權，也就不必懼上了。

馮國璋可能是這五人中最露骨的一位，他曾說：「跟老頭子這麼多年，犧牲了自己的主張，扶保他做了元首，對我們仍不說一句真心話，鬧到結果，仍是帝制自為，傳子不傳賢。」保袁世凱做總統，即便是論資排輩，馮國璋也能撈個總統幹幹。如果是帝制，那就像馮國璋所說的傳子不傳賢了。如然，馮國璋與總統便無緣了。個人撈不到好處，保他這皇帝幹嘛？把老頭子拉下馬，他順了民心，有了政治資本，他離總統寶座也就不遠了。蔡鍔在雲南舉旗造反，袁世凱急調馮國璋入京，委以參謀長兼征滇總司令。馮國璋裝病，拒絕自駐地南京北上，並在戰爭爆發後，倒向蔡鍔。這叫反戈一擊，跟老東家澈底鬧翻了。也別說，馮國璋反對帝制，果獲政治紅利，後來，他如願以償，登上總統寶座。看明白了吧，馮國璋反對帝制並非為國家，而是為一己私利。蔡鍔同樣因此而獲巨大的政治聲望。

蔡鍔與馮國璋比，在做人上，無法比較的出，誰比誰更小，半斤對八兩罷了。相比之下，倒是一直留著滿清髮式（大辮子）的張勳將軍（長江巡閱使，以徐州為駐地），要光明磊落的多。袁世凱稱帝，張勳直言上諫，提出四大不忍：

縱容長子，謀複帝制，國本因而動搖，這個忍不了。

贛、寧亂後，奸佞貪圖尊榮，孤注國家，這個忍不了。

雲南不靖，兄弟鬩牆，生靈塗炭，這個忍不了。

宣統名號，依然存在，妄自稱尊，慚負隆裕，這個忍不了。

袁世凱既缺乏軍人的霸氣，又缺少極權人物的橫行無忌，他的身上倒有士大夫的那麼一點呆氣。但觀此圖，一眼望去，他還有鄰里大叔的那麼一點味道。（魏得勝製圖）

袁世凱大度，並不加責。即便對蔡鍔的處理（褫奪其官爵），其理由也僅僅是：行跡詭秘，不知遠嫌。可見，袁世凱並不相信蔡鍔會舉旗反對自己。畢竟，他對蔡鍔不薄。人心難測，當蔡鍔領導的第一軍攻入四川時，袁世凱才明白，蔡鍔是何等的不仁不義。當袁世凱看清一個朋友、看清一個時代的時候，生命的尾聲已悄悄向他靠近。這不是袁世凱一個人的悲哀，同時也是那個時代的悲哀。

【一盤殘棋下完了】

蔡鍔的反叛，起到蝴蝶效應，多省紛紛以獨立相要脅。尤其廣東方面，更以軍務院的成立相牽制（再次開啟一國兩府時代）。在這個軍務院裡任要職的，我們看到兩個熟悉的身影，那就是梁啟超與蔡鍔師生。咱們前面說過，袁世凱當機立斷，從皇帝那架火爐上下來（畢竟那上面不好待呀），宣佈取消帝制。爾等說，你老袁該做皇帝，那好，我爬上去；爾等說，你老袁不該做皇帝，那好，我下來。以我的觀察，袁世凱在重大歷史關頭，既缺乏軍人的霸氣，又缺少極權人物的橫行無忌，他的身上倒有士大夫的那麼一點呆氣。

說取消帝制，哪是一句話的事，如今因帝制一事，已造成國家的動盪格局。這盤殘棋，老袁是棋手，他自然沒有能力收拾，命馮國璋來，馮國璋不來；命段祺瑞（字，芝泉）來，段祺瑞不來。樹尚在，猢猻心已散。關鍵時候，徐世昌（字，菊人）來了。伺候在側的袁克定趕緊向他的老爹爹報告：「徐伯伯來了！」真如救命稻草般，袁世凱連忙起身相迎，道一個「請」字。

袁世凱無論是總統，還是皇帝，他都是當仁不讓的國家元首，徐世昌與袁世凱的私人關係再是非同一般，他一個隱居天津的前國務卿，焉能承受得起？徐世昌受寵若驚，趕緊給袁世凱行大禮。袁世凱慌忙攔住，隨口道：「你我何必客氣，快請坐罷！」徐世昌方入客座。袁克定一瘸一拐，親獻茶湯：「徐伯伯，您喝茶。」徐世昌右手兩指，輕輕觸碰了一下茶碗的邊緣，略作禮謝。袁克定退在一側，小心伺候。

袁世凱出口似有怨言：「菊人，你在天津倒享得清福。」徐世昌歎道：「我雖是在野之人，也並非兩耳不聞窗外事。我知道總統心裡有多苦。」袁世凱道：「所以命克定把您請來，煩您替我設法才是。」徐世昌思量道：「這倒有些為難。不瞞總統說，世昌已老，更況無權無勢，做個廢民尚可，替總統謀劃未來，如何敢當？」袁世凱嗔責道：「這托詞，全然不該出自老友之口。」一旁的袁克定心急火燎，又插不上話，內心似焚。他輕輕哀求道：「徐伯伯。」徐世昌不為所動的樣子，繼續道：「今因大公子苦口相邀，世昌不忍拂情，所以來此一行，乘便請安。若為政局起見，務請總統轉詢他人，世昌斷不敢說三道四。」

讀者留意，徐世昌在與袁世凱的對話中，一直「總統」相稱，而非「吾皇」。這是徐世昌的厚道，袁世凱因稱帝惹火燒身，他不能哪壺不開提哪壺。再者，表明徐世昌還認袁世凱這個國家元首。袁世凱探到徐世昌的這一政治底線，心中便有了底，遂笑道：「菊人，你我是患難故交，今天既然來了，足見盛情厚意，還說什麼套話？好歹替我想個法兒，解去這沉重的脖套，凡事總可迴旋。」

徐世昌想了想道：「世昌有句話，不知當問不當問。」袁世凱把身子向前傾了傾，說道：「這個時候，還有什麼當問不當問的，你說就是。」徐世昌道：「總統究竟是仍行帝制呢，還是取消帝制呢？」袁世凱擺了擺手道：「但能天下太平，我亦無可無不可。」徐世昌道：「總統如此說，不愁天下不平。但須請芝泉出山，方能壓得住陣腳。」

袁世凱微微把頭一搖，須臾方說：「我已派人去請過他了，他不肯來，如之奈何？」徐世昌道：「芝泉的意思，無非是反對帝制，若把帝制取消，世昌料他並非全然無情。」袁世凱道：「那就請菊人替我到段府走一趟。芝泉駁誰的面子，怕不致駁你菊人的面子。」徐世昌想了一會兒，起身道：「既如此說，世昌便走一遭。」袁世凱抱拳施禮：「全仗菊人周旋。」

長話短說，徐世昌轉來，說段祺瑞已有允意，惟撤銷帝制，方肯出山效力。袁世凱道：

「罷！罷！我就取消帝制罷。明日要芝泉前來總統府開會，我依他便是。」

翌晨，徐世昌、段祺瑞等要員，前往總統府開會。在總統府特別會議上，袁世凱講話的內容並不多，他語調平靜而不失威嚴：「近段時間以來，政體一事，令國家陷入困局。作為元首，我負有責任。解鈴還須繫鈴人，我宣佈：取消帝制，恢復共和。」說完，如釋重負，遂把目光移向徐世昌，示意他發表政治見解。徐世昌會意，開口道：「按照條例，世昌一個在野之人，無權蒞臨總統府的會議。既然總統特准我參加今天的會議，我就簡短的發表一下個人的看法。如今，總統改過不吝，人所共仰。接下來，惟執行總統令，方不負國。」與會者俯首無詞，袁世凱道：「菊人、芝泉等，皆我同甘共苦的老友是也，過去的事就不要再提了。此後，仍須借爾等之力，共挽時艱。」

段祺瑞適時發表了自己的看法：「總統尚肯轉圜，祺瑞怎敢袖手旁觀。善後事宜，當竭盡全力，總統勿憂。」袁世凱道：「這樣就好。」遂命秘書長，草擬撤銷帝制的行政令。次日即頒令全國，宣佈取消帝制，恢復共和體制，恢復責任內閣制，仍稱中華民國五年。段祺瑞作為國務總理兼陸軍總長，回到權力中心。徐世昌複任國務卿。

隨後，袁世凱便命馮國璋等進行南北和談。那個時代，南北和談何其多。大清尚在之時，南方叛亂，要搞共和。於是，南北開戰。清政府命人前去和談；還沒有什麼眉目，袁世凱出山，袁世凱又命人展開南北和談；等到宋教仁遇刺身亡，引發二次革命，南北再次開釁，袁世凱再次命人南北和談；好不容易平息，袁世凱一稱帝，南北再次開戰。袁世凱妥協，宣佈取消帝制，命馮國璋等南北和談。短短六年時間，這大江南北，真是：和談複和談，不知到何年。

負責和談的馮國璋，提出北方議和大綱八條，前兩條為：一、承認袁世凱總統的地位；二、重開國會。馮國璋奉勸南方罷兵，否則即訴諸武力。南方獨立各省不懼威嚇，堅持袁世凱必須退位。南方黨人所指的退位，不是皇帝之位，而是總統大位。一句話，袁世凱必須就此徹底退出中國的政治舞臺。

國務卿徐世昌、國務總理段祺瑞、副總統黎元洪，亦銜命和談，南方不為所動。北方要求滇、黔、桂、粵等省取消獨立；南方要求袁世凱限期退位，可貸其一死。南北談判條件，可謂南轅北轍。南方更言，袁氏一日不退位，和議一日不就範，云云。

在這僵持之中，袁世凱的身體一天弱似一天。袁世凱病重，妻妾們，子女們，總統府的工作人員，皆於病榻前侍疾。此時，秘書廳的文件送達病榻前，袁總統已無力親閱。見老頭子行將就木，人人掩面涕泣。於南方叛亂者，袁世凱這是咎由自取；於北方將領及同僚，為領袖的即將離世，莫不哀憐垂惜；於袁氏家族及總統府職員，他們為即將失去一位可敬的長者而悲戚哀怨。

袁世凱一連昏迷兩天，中西醫不能挽救其性命，大家束手無策。兩天後的辰時，袁世凱蘇醒，忽覺神清氣爽。袁世凱知道這是迴光返照，忙命侍衛傳長子袁克定。那袁克定從侍衛的口氣裡，聽出不祥之兆，跛著腳，極度困難的跑來：「爹！」袁世凱語速急促道：「速請徐世昌。」領命後，袁克定滿頭大汗，哭喪著臉，一瘸一拐，速速而去。

總統府的高官，指揮若定，有條不紊的預置即將到來的總統後事；其他公務人員，各司其職，或忙進忙出，或筆挺的站在自己的工作崗位上，隨時聆聽上司的旨意。

不一會兒，徐世昌急至病榻旁，雙手握住袁世凱的手，心裡就是一驚：「總統的手如此冰涼，大事不妙。」袁世凱示意徐世昌坐下，然後哽咽道：「菊人！我將與您永訣了。」徐世昌重重握了握袁世凱的手，安慰道：「總統寬心養疾，一切會好起來的。」袁世凱長歎道：「您不必寬慰我，人總有一死。不過，我死不逢時罷了。國事一誤再誤，乃我最大遺恨。將來，皆仰仗菊人等維持，我也顧不得許多了。惟我家事，當盡托菊人，請勿推辭！」

徐世昌果斷道：「我與元首雖為異姓，不啻同胞，如有託付，當誓死效力。」袁世凱深為滿意，微微頷首道：「我死後，兒輩知識既淺，閱歷未深，全賴菊人指導，或可免辱門楣。」

徐世昌道：「諸公子多屬大器，如或詢及老朽，自當竭盡愚忱，以報知己。」

袁世凱聞言，忙命侍從，召兒子們於病榻前。袁世凱諸子早已聚集在堂，隨時準備侍疾。聞命入內，個個輕手輕腳，依長幼站在袁世凱病榻前。袁世凱囑咐道：「我將死矣。」一句未了，有幾個未經世事的幼子，先聲哭泣。袁克定勸慰道：「此刻哭泣，主凶不吉。都乖乖聽爹爹說話。」寢室內，頓時鴉雀無聲。

袁世凱繼續道：「我死後，你等大小事宜，統統向徐伯父請訓，然後再行。須知，徐伯父與我至交，你等事徐伯父，當如事我一樣，休得違我遺囑！」諸子皆涕泣應命。袁克定也不再勸慰弟弟們，他自己亦是涕淚交加。

囑咐完諸子，袁世凱又對徐世昌說：「承你不棄，當受犬子一拜。」徐世昌連忙道：「這如何使得。」話音未落，那袁克定等已遵父命，長跪在徐世昌前。徐世昌急忙挽起袁克定，並請諸子皆起。袁世凱道：「一諾千金，想老友古道照人，定不負所托。」說完，氣喘吁吁，說不上話來。

徐世昌不願耽擱袁世凱休息，起身欲辭，袁世凱道：「你且坐，我尚有許多事情相托，萬勿推卻！」徐世昌複坐。袁世凱命諸子退出，複令眾姬妾入內。袁世凱的妻妾們，在另室候命。一聲招呼，皆至病榻前。袁世凱關切道：「世昌乃我平生好友，我死後，你等若有疑難，盡可向他請命，再行其事，以免招惹笑談！」眾姬妾聞語，失聲痛哭，袁世凱亦不勝哽咽，連徐世昌及寢室外的眾多工作人員，亦淒切起來。

說著，袁世凱又牽住徐世昌的衣角，泣語道：「菊人，我死後，諸子必將分家，或釀為財產糾紛。我袁氏族中，無人能排解此難，非菊人不能為之。屆時，你務必抑強扶弱，免致諸子因分家析產鬧出笑話。」徐世昌囁嚅道：「這……這是總統的家事，卻難從命。」袁世凱瞿然道：「菊人你放心，我當立一遺囑，先令兒輩與老友面證此事，將來不致紛爭。」袁世凱說到這兒，忙命秘書取過紙筆，親筆作書，遞於徐世昌。

徐世昌讀罷，對袁世凱說：「如此甚好。」袁世凱至此，已有倦容，徐世昌亦告退。翌晨，段祺瑞總理，率政府高官，病榻前問疾，時值袁世凱昏迷狀態。段祺瑞等安慰了袁克定一番，如喪考妣的離去。當天半夜，袁世凱蘇醒，他使盡渾身氣力，召喚侍候在側的諸子道：「你等近前來。」

袁克定及弟弟們見父親醒來，個個睡眼惺忪，強打精神，近至病榻旁。袁克定道：「爹，你睡了好些時辰，我餵你點粥吧。」袁世凱幾無氣力，聲音微弱，囑咐道：「我身後大殮，不必過豐。治喪以後，亟應帶領全眷，扶柩回籍，葬我洹上，大家和睦度日，不宜再入政界，餘事悉照遺囑履行。」諸子均伏地受命。袁世凱略飲湯水，複又昏迷過去。

雞鳴時，袁世凱再度從昏迷中醒來，連呼兩個「快」字，再不能言。袁克定聽了，急命左右，速請徐世昌、段祺瑞來。不一時，段祺瑞已到：「總統，祺瑞在此，你有什麼吩咐？」袁世凱拼力說道：「可……可照新約法請黎元洪代任，速去擬令。」段祺瑞連道幾個「是」字，慌忙而出時，在堂屋碰上火急火燎趕來的徐世昌：「我去擬總統令，這邊你先照應著。」

徐世昌一邊點頭，一邊入內室，見袁世凱臉上，大放紅光，睜著眼，噓著口，動了好一回嘴唇，方叫出「菊人」二字。又歇了半晌，才從嘴裡吐出「重重拜託」四字。徐世昌不覺垂淚道：「有世昌在，元首放心罷！」病榻旁的文武大員，亦垂淚哀傷。聽罷徐世昌的話，袁世凱遂撒手而去，享年五十八歲。中南海主人，就此與世長辭。

全家悲號之際，段祺瑞帶著擬好的遺令趕來，但為時已晚。段祺瑞扼腕頓足，悲戚不已：「我的總統呀！」遂將袁世凱未來得及簽署的命令，交與徐世昌，請其斟酌。徐世昌從兜裡掏出一塊潔白的手絹，拭罷淚，接過總統遺令，但見上面寫道：

民國成立，五載於茲，本大總統忝膺國民付託之重，徒以德薄能鮮，心餘力絀，於救國救民之素願，愧未能發攄萬一。溯自就任以來，蚤作夜思，殫勤擘劃，雖國基未固，民困未蘇，應革應興，萬端待理，而賴我官吏將士之力，得使各省秩序，粗就安寧……顧念國事至重，寄託必須得人，依約法第二十九條大總統因故去職，或不能視事時，副總統代行其職權，本大總統遵照約法宣告，以副總統黎元洪代行中華民國大總統職權。副總統恭厚仁明，必能弘濟時艱，奠定大局，以補本大總統之闕失，而慰全國人民之望。所有京外文武官吏以及軍警士民，尤當共念國步艱難，維持秩序，力保治安，專以國家為重。昔人有言：「惟生者能自強，則死者為不死。」本大總統猶此志也。此令。

雖是總統遺令，又酷似給袁世凱的一個總結，但把稱帝一事略過不提。徐世昌道：「說得圓到，就這樣頒發出去便了。但現在是元首交替之時，須趕緊戒嚴，維持大局要緊。一面通知副總統，即日就任，免生他變。」段祺瑞連連頓首：「這原是頂要緊的事，我這就去照辦。」言出即去。徐世昌則召袁克定等，籌備治喪委員會事宜。

【袁世凱的中國夢】

回顧袁世凱晚年的政治生活，發現他並非我們想像中的那樣一心想做皇帝。就在他身為清帝國重臣的時候，他目光之遠大，超出一般人的認知。一九〇八年六月十四日，袁世凱在接受《紐約時報》記者湯瑪斯・F・米拉德採訪時，其漸進式改革思路，以及對國際關係的看法、對大清帝國未來的展望，給人留下深刻印象。在談及國際關係與清美關係時，他說：

大清國的政治家們，自從開始考慮我國的國際關係時，就認為我們和美國的關係是非常重要的。這種看法從來沒有像現在這樣真切，並且將來也一定會繼續下去。我覺得，我們需要和貴國保持友好和令人滿意的關係，這種需要的程度怎麼說都不過分。貴國一直是大清國的朋友，並且貴國從未錯過任何機會以無私的方式表示出這一點。如果說在不遠的將來，大清國在關係到國家主權和領土完整的嚴峻時刻必須挺身抗爭的話，我們會期待並信賴美國能夠為保護我們的權利而在國際上善施影響。當然我們會對所有那些友好的列強國家抱有同樣希望，然而我們更加信任美國。

談及清美彼此的認同，袁世凱說：

我一直期待著訪問美國。在所有未訪問過的國家裡，最吸引我的就是美國。這也許是因為，在我的周圍，有很多年輕人都是在美國接受教育的。但是我覺得，儘管我們兩國政府在形態上有明顯的差異，但實際上，美國比任何一個西方國家更接近我們的體制。我已經注意到，受美國教育的清國人，比受歐洲教育的更能容易地將他們所學到的知識運用於我們國內的管理。並且據我所知，貴國政府的基本規則也與我國政府極為相似。

袁世凱之所以親美，源於主流國家之中，美國是惟一沒有割要中國領土的國家，且力主保全中國的主權和領土完整。即便在庚子賠款中，主流國家中也只有美國感覺於心有愧，進而免去中國二千四百萬美元債務，用於中國留美學生的基金；清華大學的建立，亦從中受益。美國政府及媒體，屢屢嚴詞抨擊英國向中國販賣鴉片，稱之為「罪惡的鴉片貿易」，把本國的巨額利潤建築在他國的苦難之上。在羅斯福總統的強力推動下，旨在禁毒的首屆國際鴉片委員會於一九〇九年在中國上海成立。對英法聯軍火燒和搶劫圓明園的野蠻行徑，美國同樣提出強烈譴責。幾乎可以說，那時的美國，處處可見清國角度。今天的漢人政權反美親俄，俄對中國做了什麼呢？歷史上，俄國人前後搶走中國數百萬平方公里的土地，庚子賠款更不用說，他們也有份兒。所以說，袁世凱親美是有理由的，而今天的漢人政權親俄，無論如何都說不通，尤其高價買俄羅斯石油的行徑，直如賣國。這就是今天的漢人政權不如袁世凱的地方。

西方認為，袁世凱一直負責推動整個大清國的現代化進程。袁世凱吸取清日戰爭和義和團式反西方的教訓，主張儘量尋求西方國家對中國的支持和諒解，以便推動保守的漸進式改革，用美國記者的話說就是，袁世凱所推動的改革「並沒有激進到會立即引起新舊體制的決定性對抗」的程度，是「允許進步分子在維護皇權的前提下適當採取些行動」的改革。

在湯瑪斯問到大清國的改革時，袁世凱說：「我們內部的管理體制必須從根本上加以改革，但這卻是一件說起來容易做起來非常難的事情。因為它牽涉到要澈底改變甚至推翻現存體制的某些方面。而這個體制已經存在了許多個世紀，諸多因素盤根錯節地緊緊交織在一起。就民意支援的狀況而論，我感到可以肯定的是，如果給我們時間再加上機遇，我們無論如何都能夠實現改革的大部分目標。」

接著他談了當前最需要改革的「財政制度、貨幣流通體系以及法律結構」，認為這種改革是一個不可分割的整體。「……任何一項都與其他兩項有著密不可分的依賴關係」。而且這些改革對國家主權關係重大。只有完成了這三項改革，「大清國才能恢復完整的主權」，而只有主權澈底恢復了，「才能真正理順國家正常的經濟和政治生活」。雖然力主君主立憲的袁世凱，在當時的激進者看來是保守的，但就他所表達的上述思想，在一百年後僅單純進行經濟體制改革的漢人政權看來，無疑是變更國體的激進行為。

袁世凱還談到了大清國改革與日本改革的不同，認為不能進行簡單的類比。他說日本人在物質上取得了超過大清國的進步，是地理上和政治上的有利環境以及西方的支援使然，並不能證明他們在精神上和道德上也優於中國，而且中國的事業遠比日本的「更加艱巨和繁重」。

在談到大清國的現代化與世界各國的關係時，他再一次強調學習西方的重要性，歡迎並感謝任何善意的建議和忠告，如果只按照他個人的想法，他甚至主張引進能幹的西方人做大清國的財經顧問和法律顧問，但他又說，如果現在就公開提出這樣的建議，只能授人以柄，對那些保守的政敵有利。

通過袁世凱對美國記者的談話，我們發現，清末民初的上層改革者們，其眼光與觀念，較之今天的政客，遠大而清醒。而且，袁世凱們所面臨的國內外局勢遠比今天複雜，改革的國內外阻力遠比今天巨大。如果把這篇百年前美國記者對袁世凱的採訪與當代漢人政客數次接受美國媒體的採訪相比，其高下優劣，便格外醒目！袁世凱所表現出的明智、穩健、自信、謙遜和誠實，是當代漢人政客，永遠難以企及的。

至於說袁世凱晚節不保（稱帝），那是狹隘而蹩腳的政治見解。我們不要忘了，袁世凱的帝制，已非「百代皆行秦政制」的那個帝制，而是現代文明基礎上的那個帝制，即君主立憲制。袁世凱開創的漢人帝國如果行至如今，中國也一定如英日君主立憲制國家那樣，以民主的政治面目，屹立於文明世界之中。

需要強調的是，袁世凱作為清帝國漸進式改革的領軍人物，不僅得到國內改革派的支援，且得到西方各國的普遍支援。二十世紀初的高級代表團出國考察憲政，就是袁世凱促成的。隨著清政府《宣示預備立憲先行厘定官制諭》的頒佈，聲勢浩大的立憲運動，隨即在全國興起，民間的立憲團體紛紛成立，憲政知識得到廣泛傳播，立憲進程勢不可擋。就在這時，激進分子橫刀立馬，斬斷了中國人的立憲夢，中國的現代化進程，從此遙遙無期。

袁世凱那八十三天的帝制之路，也是奔著立憲去的，激進者死活不許。袁世凱身後的共和國，有立憲之名，無憲政之實，這是有目共睹的事實。共和國的執政者為什麼厭棄立憲？因為那樣會剝奪他們的許多權力；執政者被剝奪的權力，交還人民；人民有了權，執政者就無法獨裁專制，就不能為所欲為。因此，他們給憲政扣上「邪路」的黑帽子，給西方民主政治扣上境外勢力的黑帽子。凡是無助於獨裁專制的，他們一致視為洪水猛獸，汙名化且窮追猛打，這樣他們的江山也就千秋萬代了。這樣的如意算盤不過是一廂情願罷了，歷史的車輪，豈能是幾個小丑或小丑集團阻擋的了的。

十二天

最後，我們來說說張勳。這個人比較獨特，比如他的辮子。清室都退位了，身為共和國的將軍，卻腦後拖著一根滿人標誌性的大辮子。不僅如此，他統帥的部隊官兵，也是人人腦後拖根辮子。說他這是向滿清皇室致敬，未免太張揚；說他這是忠於滿清，未免有失漢人的身分；說他這是特立獨行，未免太出格。張勳的個性就在於，做永遠的自己，比如他忠於滿清皇室，才不管滿人入關時殺過多少漢人，只要這皇室有恩於自己，那就從一而終，別無他顧。也別說，在政壇上，這樣的人還真難找。也因此，當張勳有能力撬動政壇的時候，他想到的不是自己，而是他那倒地的老東家——愛新覺羅氏，他要把溥儀從新推上皇帝的寶座。與孫中山四十五天的總統比，與袁世凱八十三天的皇帝比，張勳所復位的清室，僅存世十二天，也實在短命。

那麼，張勳是如何撬動共和國政壇的呢？當然與袁世凱的去世有關。袁世凱去世，與另一字面上的「去勢」等同。共和國第一任正式總統去世，大家都沒了主心骨。什麼黎元洪，什麼馮國璋，什麼段祺瑞等等，失主（袁世凱）之後皆無主，可謂各自為政。南方系原本對付北方系的一個袁世凱即可，袁主一死，北方系多頭勢力崛起，南方系澈底束手無策，不知跟北方系的哪位政治強物打交道，可謂搬起反袁這塊石頭，砸自己的腳。

當初袁世凱一失足，本不必成什麼千古恨，他都宣佈取消帝制了，得饒人處且饒人嘛。可南方系的人倔強不屈，非得置袁世凱於死地。想想吧，即便袁世凱鑄成千古恨，憑南方系那點人馬，如何抗衡袁世凱？像黎元洪、馮國璋、段祺瑞、張勳等這些北方系將領，道義上反反帝制是可以的，讓他們動真格的，槍口對內（袁世凱），那是萬萬做不到的。袁世凱畢竟是那一時代的政治與軍事共主，是那一時代漢人仰慕的領袖，對於他政治生涯中的最後選擇，各界雖有非議，但內心卻又不得不遵從於他。無論哪個省的獨立，他們喊出的口號、政治主張，幾乎全是對事不對人。即便是武力討伐，也往往是雷聲大雨點小。那時的中國，總體上保持政治平衡。但袁世凱一死，就完全不一樣了，整個中國陷入政治動盪之中。或南北兩個政府，或各省動輒獨立，而各政府、各省、各派別的內部鬥爭，更是日趨激烈，亂成一鍋粥。

袁終黎繼，黎元洪以副總統之職，補袁世凱去世後的總統之缺。黎元洪在軍中做個旅長，或可勝任，搞行政，就不是他的長項了；而做總統，實在勉為其難。黎總統缺乏行政執歷練，但又想開創一種新的行政局面，這就有點硬趕鴨子上架的意味了。黎元洪上任不到一年，便一紙總統令，將段祺瑞的國務總理及所兼陸軍總長兩職，一併免掉。黎元洪無法駕馭各方面都比自己強勢的段祺瑞，只好採取下下策，利用憲法賦予他的權力，將段祺瑞免職了事。這樣的行政手段，看上去粗暴而簡單，但舍此又沒有別的辦法。至少對於黎元洪如此。段祺瑞被免後，黎元洪令外交部長伍廷芳暫代其職，陸軍總長一職，由次長張士鈺暫代。關於內閣人事調整，總統府的電文是這樣說的：

段總理任事以來，勞苦功高，深資倚畀，前因辦事困難，曆請辭職，迭經慰留，原冀宏濟艱難，同支危局。乃日來閣員相繼引退，政治莫由進行，該總理獨力支持，賢勞可念。當國步阽危之日，未便令久任其難，本大總統特依約法第三十四條免去該總理本職，由外交總長暫行代署。

免職令辯稱，總統是根據憲法（《臨時約法》）做出這一決定的。段祺瑞是袁世凱之後惟一能左右國家大局的強勢人物，自然不服。他回擊說，責任內閣制規定，非經總理副署，總統令不能生效。「因此，將來地方、國家因發生何等影響，祺瑞概不負責」。總統府與國務院鬧將起來，這便叫做府院之爭。袁政府的時候，這也算是家常便飯。

長話短說。鬧著鬧著，在全國便分出黎段兩大陣營。南方系的孫中山、唐繼堯、譚延闓，以及部分北方系軍人，站在黎元洪一邊。北方系中的皖系，由段祺瑞領銜。黎元洪的支持者，猶如雜耍班子，什麼人都有。段祺瑞的皖系，相對單純的多。皖系組成一個督軍團，代表們集會徐州，商討對策。

一個有趣的現象值得一提，坐鎮徐州的北方系將軍張勳，雖非皖系，但卻站到段祺瑞一邊。總統府的免職令一出，張勳以「十三省區聯合會」盟主的身分首先發難，通電全國，指斥黎元洪總統令的不當。因此，要求黎元洪下臺，以示負責。張勳借此發出自己的聲音，不失為累積聲望的上策，這畢竟是主持公道之舉嘛。同是北方系將軍的馮國璋，卻站到黎元洪一邊，聲稱：「惟大總統的命令是聽。」馮國璋是副總統，維護了總統，就是維護了自己。後來，滿清皇室復位，黎元洪躲到外國使館避難時，把總統大印，托人帶給在南方的馮國璋。這就是他支持黎元洪的回報。此乃後話，放下不提。

張勳的號召力是不容小覷的，他向黎元洪總統發難後，其他各省軍事首腦，及國會議員，亦先後致電中央，嚴詞詰問。伍廷芳自知他這個代理總理未經國會批准，名不正言不順，遂提出請辭。黎元洪另委任新財長李經羲（李鴻章之侄）為國務總理。國會投票，完成此項任命。但李經羲待在天津，不肯就職。

段祺瑞被免職一星期後，擁護段祺瑞的地方大員，宣佈獨立；軍隊，宣佈獨立。這是民國初期的第三次各省獨立。獨立各省，隨即派人至天津，設立各省軍務總參謀處，以雷震春為總參謀，設臨時政府、臨時議會。北方系的曹錕等部，在保定蓄勢待發，準備進攻北京。

黎元洪總統感到空前的政治壓力與軍事壓力，不知所措。恰此時，那第一個站出來反對黎元洪的張勳，呈文斡旋。黎元洪猶如抓住救命稻草，緊急與李經羲總理電商計策。二人決定，召張勳入京，安撫天下。

張勳向黎元洪發難，得到豐厚的政治回報。他接令即複，說克日啟程。話說已是一九一七年的初夏，張勳的部隊由徐州開拔至天津駐紮。張勳隨即拜訪了時在天津的國務總理李經羲，二人就時局進行了廣泛的探討。張勳發現，天津幾乎成了反黎元洪的主場；更令他意外的是，主張清室復位者，大有人在，這不啻為他指明政治方向。

張勳審時度勢，在天津向黎元洪提出進京護駕的條件：「如不解散國會，老張即回防地。」黎總統接電，甚為震驚，急召伍廷芳商議，說：「張勳所要求的兩大條件，京津警備，已經撤銷，惟解散國會，事關重大，如何是好？」伍廷芳說：「憲法無此條款，倘或解散國會，是要被全國唾罵的。」黎總統不願遭受國罵，只得再派員赴津，與張勳婉商。結果是，張勳絕無妥協餘地。且限定三日，須令解散國會，否則，帶著部隊，回自己的防地。黎總統再請伍廷芳入府商討對策，伍託辭有疾，不再陪總統玩了。

期限一到，黎元洪硬著頭皮，須令解散國會。國會議員，聞令出京，有的去了上海，有的去了廣州。各省遂電告中央，取消獨立。獨立複獨立，取消複取消，這大約就是民初的政治生態。

張勳的條件被滿足，他與李經羲一同抵京。他不是去穩定國家大局的，而是另有圖謀，那就是恢復大清帝國的執政地位。少謀無算的黎元洪不知就裡，派總統府的人至火車站，恭迎張勳等入都。懸掛著花環的火車進站，兩旁的士兵持槍警戒。車站內，肅然無聲，但見張勳拖著三尺長的大辮子，翩然而下。他的後面，跟著中華民國的國務總理。這鏡頭，穿越感十足。總統府的要員們，上前鞠躬致意。張勳春風得意，微笑還禮。遂便改乘一輛馬車，由自己的親兵保護著，出了火車站。李經羲則由總統府的人，陪同而出。

在北京的日子裡，張勳與身邊的人，探討最多的就是這個國家何去何從的問題。他們認為，共和不可靠，鬧得雞犬不寧，還是帝制最好。於是決定，把倒塌的滿清老店，從瓦礫中撿起來，砌把砌把，磊把磊把，大清便又回來了。這是軍人的思維，把政治看得一文不值。

不日，康有為化裝入京，幫助張勳起草與複清相關的文件。在張勳寓所，康有為向張勳獻策六條，其中前兩條，最為值得留意：「一、實行虛君制，改中華民國為中華帝國，萬不可複大清國號；二、實行責任內閣制，政權歸內閣，避免府院衝突。」由此可見，此帝制已非彼（滿清）帝制。儘管如此，張勳仍未採納，他堅持複清。

七月的頭一天，天將黎明，張勳、康有為等，著滿清官服，至紫禁城。清宮人員，見大隊人馬到來，個個嚇得魂不附體，以為他們大限臨頭，遂跑去稟告瑾太妃、瑜太妃，另有一班人馬，去報告太保世續。太妃與太保聞報驚起，冷汗浸體。他們胡亂更衣，戰戰兢兢，來至殿堂。但見那張勳，叩首而拜，並朗聲稟報道：「今日我大清復位，請少主即刻登殿即位。」如此簡單從事，絕無僅有。

世續戰慄不止，問道：「何人大膽，竟如此主張？」張勳道：「全憑我老張作主，太保不要怕。」世續道：「復位大事，豈能兒戲……」張勳一擺手，不快道：「哪有那麼多顧忌，但請少主登殿即位，事便成了。」世續一時沒了主意，眼望兩位太妃。隆裕太后去世後，這後宮之內，做主的就剩瑾、瑜兩位太妃了。瑾太妃被廢帝溥儀稱作皇額娘，她當為首席太妃，自然凡事在前。她謹小慎微道：「將軍，此事重大，需三思後行。」張勳惱道：「老臣受先帝厚恩，從不敢忘報。今萬民意願，再造清室，難道兩太妃反不願復興嗎？」

瑜太妃雖與隆裕太后、瑾太妃同輩，因是同治皇帝的妃子，加之她在後宮內從不受待見，因而，凡事少有她說話的地方。她好不容易在後宮有了點地位（屈居第二），巴不得就此終老。誰料，節外生枝，嚇得她竟嗚咽起來：「將軍千萬不要錯怪！共和已多年，各相安無事。如今無事生非，上不能對天，下不能對地。弄巧成拙，豈不反累愛新覺羅全族。」

張勳心軟下來，勸慰道：「有老臣在，勿憂也。」見勸阻不住，兩太妃只得泣淚相求。張勳左顧世續，世續亦低頭不答。張勳的部下有被耍弄之感，遂起鬨要脅：「我等提著腦袋前來，非為功名利祿，一心複清。這倒好，我等熱臉貼上冷屁股。橫豎把話說明，支支吾吾，算回什麼事。」張勳示意部下，稍安勿躁。世續恐有不測，與兩太妃商討對策。無奈，只得抱出睡夢中的十一歲溥儀，再次登基。張勳率部拜倒殿下，三呼萬歲。朝賀已畢，即由康有為齎呈草詔，頒佈天下，宣佈滿清復位。

復位詔書即下，在張勳等人眼裡，那大清算是又回來了。即便是一直拖著大辮子的張勳這老古董，他復位的帝室，同樣實行君主立憲制，那是慈禧、袁世凱一路延續下來的，並無悖逆。復位詔書指出，禁止皇親貴族干預朝政，赦免政治犯等等。詔書一下，京城裡的中華民國國旗，隨即被撤下，龍旗重新回到旗杆上；假辮子亦「復位」男人們的後腦勺；長袍馬褂替換下西裝、漢服。前清的遺老們，似乎一夜之間從墳墓裡爬出來，北京大街上彌漫著一股腐屍味。

張勳假借黎元洪的名義，說什麼歸政於帝。黎元洪反戈一擊，通電全國，說沒這回事。遂宣佈段祺瑞為總理，馮國璋為代總統。黎元洪同時讓人把總統印，南下上海，悄悄帶給馮國璋。

黎元洪與段祺瑞的府院之爭，使張勳漁翁得利；張勳復位帝室之逆，複解黎段之怨，二人遂結反張同盟。府院之爭至此結束，黎元洪因解散國會，名譽掃地。在這場府院之爭中，黎元洪輸得連內褲都不剩。他真的不適合搞政治。張勳亦然。

在滿清皇室復位問題上，段祺瑞與馮國璋等，採取兩面手法，成了，跟著張勳吃香的喝辣的；不成，反戈一擊，又成了反抗複清的英雄。這叫兩面押寶。段祺瑞與馮國璋見全國反對張勳的聲浪迭起，軍政系統也各懷鬼胎，知道靠不住，遂組成所謂的討逆聯軍。就是張勳自己的辮子軍，亦見風使舵，眾叛親離，最後剩下千把人。

北方系控制的航空隊，參加了討逆作戰。中國有史以來，首次空襲，即出現在討伐張勳的內戰中。討逆軍的戰機在清宮內，投下三枚炸彈，一枚落在隆宗門外，炸傷一名轎夫；一枚落在御花園的水池裡，炸壞水池一角；第三枚落在西長街隆福門的瓦簷上，沒有炸，卻把聚在那裡賭錢的太監們，嚇個半死。

張勳急了：「他奶奶的，這幫孫子，把咱老張當猴耍呀。不行，咱得給他們抖露抖露。這些兩面三刀的東西，當初不都支持滿清復位的嗎？這會兒，又都他奶奶的反對上了，還組成什麼討逆聯軍。說咱老張逆，你們就清白？」

張勳遂令參謀長萬繩栻將當初策劃複清時由段祺瑞、馮國璋等參加簽名的黃綾子，公示全國。萬繩栻謊稱黃綾子留在了天津，遂以赴津相取為由，溜之大吉。事實上，這塊由段馮等各大人物簽名的黃綾子，早在討逆戰打響前，被馮國璋以二十萬元現大洋的天價，從萬繩栻手中買走。

國民黨人曹亞伯在一個通電中，更是公開指出，張勳復位滿清，實受段、馮等人唆使，張勳復清實源於馮國璋的總統夢。而在此之前，張勳與段祺瑞、倪嗣沖等人早已串通一氣，共謀復清。因此，此次復清，張勳不過有陽惡之名，馮、段有陰惡之實。曹亞伯號召全國人民，討伐段祺瑞、馮國璋、張勳之倒行逆施。

回到原題。討逆軍大約十萬人，而張勳的部隊，僅剩一千五百人。這顯然不成比例。康有為見勢不妙，化妝成農夫，逃過沿途員警的監視，躲進美國使館。張勳不斷揭馮國璋、段祺瑞參與復清的老底，這二人勢必要張勳一死。張勳也不傻，兵敗後，逃入荷蘭使館。從滿清復位至再次退位，前後僅十二天。

馮國璋以大總統的名義通電全國，譴責張勳、康有為復位清室的行為，並予以通緝（次年徐世昌出任總統，大赦張勳）。同一天，段祺瑞組閣，出任總理兼陸軍總長。內閣中，有幾位為歷史所熟悉的人物，財長梁啟超，司法部長林長民，交通部長曹汝霖。

張勳歷史上的這十二天，給自己留下千古罵名。相反，倒成就了同是複清元兇的段祺瑞與馮國璋。歷史如此詭異而愚蠢。

張勳之心，段祺瑞知。但為了與政治對手一較高下，也不得不鋌而走險。另一個算計是，張勳趕走黎元洪，復位清室；段祺瑞以此為口實，再趕走張勳，天下就是段祺瑞的天下了。馮國璋也未嘗不想做個得利的漁翁。黎元洪總統下野，似乎也該輪到他姓馮的當回總統了。他如今不是副總統嗎？袁總統走了，黎副總統上位；黎總統走了，馮副總統上位。憲法就是這麼規定的，誰敢違背？段祺瑞、馮國璋為了一己之私，給張勳下了個套。等張勳扶著紫禁城裡的孤兒寡母一復位，個個口誅筆伐不說，還大動干戈（這套兒，民初的政治人物也給袁世凱下過）。張勳逃到荷蘭大使館，他對美英記者說，咱老張怨呀！在徐州會議上，各省督軍皆贊成復清。這當然包括馮國璋在內。滿清復位了，大家怎麼突然又翻臉不認帳了呢？忒不實誠。民國的政治生態，大體如此。

寫到這裡，也該為本章做個小節了。本章標題為《探路者》，從根本上，從立意上，我無意貶褒孫中山的共和、袁世凱的稱帝、張勳的複清。我把他們所走的路，看做一種探索，這條路走不通，就換條路，走走試試。英國也曾經歷過這麼一個過程，一會兒共和，走著走著，看看不成，一會兒又回到帝制老路上去。英國的光榮革命，最終確立了君主立憲體制，迄今已運轉三百多年。在此期間，英國無內戰發生，即以向世人說明，君主立憲制的可取之處。這個虛君實憲制度的確立，為各方矛盾與衝突，找到一條和平解決的方案，那就是凡事都要回到法治的軌道上來解決。

民初的漢人採取同樣的探路方式，沒有孰優孰劣之分，只有探索成功與否之分。那失敗的，未必就是倒行逆施的歷史罪人，那成功的也未必就一定是順應潮流的歷史偉人。像列寧之流，在社會主義風起雲湧的時代，他們被極度神化，個個無所不能，偉大無比。當蘇聯大廈垮塌之後，人們回眸一瞥，才發現那個時代的那群偉人，原來是一群惡魔，而被惡魔標榜為金光大道的社會主義之路，原來是一條奴役之路。

曾幾何時，被奴役的人民，帶枷載歌，套鎖載舞，在充滿荊棘的奴役之路上，歌頌惡魔。我們又怎麼能說，列寧們探索到的社會主義之路是成功的呢？於獨夫民賊來說，列寧們探索到的社會主義之路是成功的；於被奴役的人民來說，列寧們探索到的社會主義之路無疑是場巨大的災難。

第三章
回到叢林

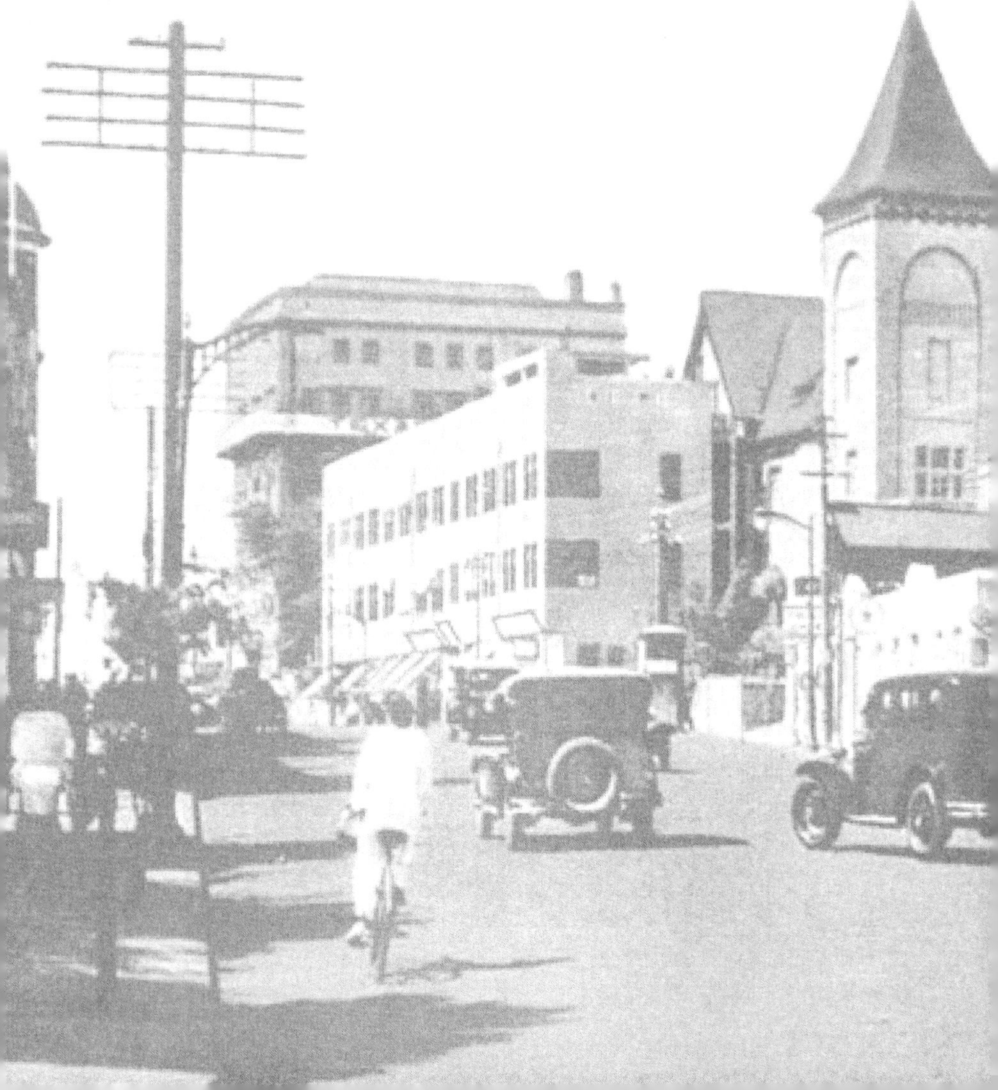

革命的藉口

【宋教仁遇刺】

我寫歷史，通常不會遵循編年史的方式，比如上一章寫到袁世凱的死，這一章又回頭去寫他出任總統時的一些事。這樣的好處就在於，集中筆墨，說清一件事，或突出某一歷史見解。這一章，雖是講後袁世凱時代的事，但要說得清楚明白，仍須從袁世凱說起。

雖然說袁世凱做皇帝，是他有生之年最不開心的一件事，但他做為中華民國總統，也不見得有多歡愉。比如說國會，就時常敲打袁世凱，讓他的政府難以正常運轉。國會中占三分之二席位的為國民黨，領導這個最大反對黨的是宋教仁，一九一二年那會兒，他年僅三十歲。孫中山第一次組閣時，宋教仁一夜之間草成一篇不朽的憲法初稿，足見其文字功底。這個自命不凡的湖南年輕人，秉性倔強，心比天高，目標明確，意志堅定。每每演講政治觀點，他總是神采飛揚，口無遮攔，聽眾往往報以如潮般的掌聲。這也為他招忌黨內外埋下禍患，由是樹敵甚甚。

袁世凱堅持多黨組閣（謂曰混合內閣或超然內閣）的政治方向，也就是搞聯合政府。經過談判，內閣部長由不同黨派分別出任，各黨利益與政治訴求得到兼顧，謂之一團和氣，皆大歡喜。宋教仁則堅持政黨內閣，既由國會裡的多數黨組閣。宋教仁認為多黨組閣，雖然照顧了各黨派利益，但容易造成政治分歧，不便執政。一黨組閣，各部委首長都是同一政治派別的，協調與溝通很容易，行政執行力也會很強。無論袁世凱的多黨組閣，還是宋教仁的一黨組閣，目標都是一致的，那就是為民國好。國民黨人一直視宋教仁為親袁派，而袁世凱也一直將缺乏心計的宋教仁視為子侄。彼此的政治分歧，完全是對事不對人。

宋教仁理想遠大，意志堅定，但他所能照亮的，僅僅是身後那一角。（魏得勝製圖）

袁世凱認為，民國之前，幾千年的中國，帝制一以貫之，中國人對於西方的民主，尤其對於責任內閣制，特別陌生。現在是習學民主的過程，就應該以好好先生的態度，小心呵護民國這個嬰兒。多黨組成的內閣形成牽制，達成平衡，沒有哪一黨派或政治派別一家獨大，民國就不致受到傷害，或把可能的傷害降到最低。袁世凱還有一個私心，國民黨是國會裡的第一大黨，假如再令其組閣，國民黨可就是全面執政了，那時的袁世凱不就真如孫中山設計的那樣，被架空了嗎？

孫中山的時候，是總統制；到了袁世凱，孫中山又為其量身定制了一個責任內閣制。內閣制就內閣制吧，袁世凱也沒有反對，袁世凱試圖通過多黨組閣，防止國民黨一黨獨大、一黨獨裁，這可算他惟一的一點政治籌碼了。然宋教仁堅持己見。這倒不是要和袁總統過不去，他的堅持完全基於議會政治與政黨內閣的理想而已。真和袁世凱過不去的是孫中山，他把總統寶座拱手讓袁，始終心有不爽。

政治上，袁世凱手裡就剩混合內閣這張牌了，宋教仁還要試圖予以剝奪。史書上這樣形容袁世凱當時的反應：張惶失措，日夕焦慮。袁世凱不無憤恨地對身邊人說：「中山漂亮，克強長厚，均不足慮，唯這遁初小孩子，倒有點討厭。」中山、克強、遁初，分別是孫文、黃興、宋教仁的字。對於政治對手，袁世凱以字相稱，倒不失同事之誼。尤其「這遁初小孩子」一句，透出長輩對晚輩的嗔責，並無恨之入骨的語氣。可見，袁世凱內心深處，是多麼喜愛宋教仁這顆中國政壇上冉冉升起的新星。而宋教仁一個年輕人，敢於挑戰袁總統，即已說明，民初的民主基礎，令人欣慰。無論如何，袁世凱所開創的政治局面，還配得上他這個民選總統的名分。

袁宋對立，如何破解？年過半百的袁總統，最終不得不向毛頭小夥宋教仁折腰。所謂大丈夫能伸能屈，也不過如此。吳景濂有個敘述，提及宋教仁在北京養病，趙秉鈞總理多次前去慰問，並代袁世凱總統致意。宋教仁南下時，袁總統委託趙總理，奉上交通銀行的銀票若干（據說千萬之巨），宋教仁雖然接受了，但他一回到南方，便處處演說袁政府的種種不當，並提出爭內閣不爭總統的政治主張。袁世凱之對宋教仁，可謂優禮備至，然宋不為所動，觸惱了袁世凱，也觸惱了袁世凱身邊的人。

坊間有個傳言，對宋教仁十分不利。大意是說，國會大選後，國民黨內部已佈局新政：宋教仁為內閣總理；以愚弱之黎元洪代替袁世凱而為總統；黃興為副總統。傳言如屬實，國民黨不僅踐踏了憲法，也踐踏了袁世凱這個民選總統。以袁世凱的實力，國民黨人的這一挑戰，實不明智。

一九一三年，註定不會平庸。這年春天，宋教仁由滬啟行，前往北京，參加中華民國的首屆正式國會，黃興、廖仲愷、于右任等人前往火車站送行。行至剪票口時，突然有人從宋教仁背後開槍。黃興等應急回身，在茫茫人海中，搜尋殺手。這時的宋教仁，踉踉蹌蹌，靠在鐵柵上。他一摸腰部，滿手獻血，遂呼喊道：「你們快來，我中槍了！」黃興、廖仲愷、于右任等應聲趕過來，皆驚慌失措。黃興道：「光天化日之下，何人如此膽大妄為！」廖仲愷和于右任急忙扶住宋教仁：「情況緊急，先去醫院！」

正說著，又是兩聲槍響，雖未擊中任何人，但火車站內，頓時大亂，乘客紛紛四散而逃。黃興等一邊把宋教仁扶上車送醫急救，一邊報警。待員警趕來，刺客早已逃之夭夭。

上海滬寧鐵路醫院雖然為宋教仁進行了急救手術，但因其傷勢嚴重，三天後不治身亡。年僅三十一歲的宋教仁，就此畫上人生的句號。

宋教仁去世前，留有一份遺囑，一份電文。遺囑是口頭交待國民黨幹事于右任的，電文是致國家元首袁世凱的。遺囑曰：

（一）所有南北兩京及日本東京寄存的書籍，統捐入南京圖書館；（二）我家本來寒苦，老母尚在，請克強與君，及諸故人替我照料；（三）諸君仍當努力進行，幸勿以我遭不測，致生退縮，放棄國民的責任。我欲調和南北，費盡苦心，不意暴徒不諒，誤會我意，置我死地，我受痛苦，也是我自作自受。

電文曰：

北京袁大總統鑒：仁本夜乘滬寧車赴京，敬謁鈞座，十時四十五分，在車站突被奸人自背後施槍，彈由腰上部入腹下部，勢必至死。竊思仁自受教以來，即束身自愛，雖寡過之未獲，從未結怨於私人。清政不良，起任改革，亦重人道，守公理，不敢有一毫權利之見存。今國基未固，民福不增，遽爾撒手，死有餘恨。伏冀大總統開誠心，布公

宋教仁走了，他那頂嶄新的禮帽，他那平展的燕尾服，他那筆挺的長褲折縫，他那鋥亮的皮鞋，一如他生前，體面而嚴謹。（魏得勝製圖）

道，竭力保障民權，俾國家得確定不拔之憲法，則雖死之日，猶生之年，臨死哀言，尚祈鑒納！

無論遺囑，還是給袁總統的電文，都看不出宋教仁一絲個人的怨恨，更看不出他對袁政府的指斥，哪怕是綿裡藏針，哪怕是旁敲側擊，有的只是「暴徒誤會我意，置我死地，我受痛苦，也是我自作自受」，有的只是「今國基未固，民福不增，遽爾撒手，死有餘恨」。也就是說，從宋教仁個人的角度，他的遇刺，絲毫沒有罪責袁世凱之意。處境不利的宋教仁，軀體極度痛苦的宋教仁，將不久於人世的宋教仁，為子不失孝道，為國不失忠厚，為人不失偏頗，可謂人品高潔。

得知宋教仁遇刺及身亡，袁總統亦先後發來兩封電文，一是致電宋教仁的，一是唁電，分別如下：

上海宋教仁遁初先生鑒：閱路透電，驚聞執事為暴徒所傷，正深駭絕。頃接哿電，方得其詳。民國建設，人才至難，執事學識冠時，為世推重，凡稍有知識者，無不加以愛護，豈意眾目昭彰之地，竟有凶人，敢行暗殺，人心險惡，法紀何存？惟祈天相吉人，調治平復，幸勿作衰敗之語，徒長悲觀。除電飭江蘇都督、民政長、上海交涉使、縣知事、滬寧鐵路總辦，重懸賞格，限期緝獲兇犯外，合先慰問。

宋教仁君竟爾溘逝，曷勝浩歎！目前緊要關鍵，惟有重懸賞格，迅緝真凶，澈底根究。宋教仁君才識卓越，服務民國，功績尤多，知與不知，皆為悲痛。所有身後事宜，望即會同鐘文耀妥為料理。其治喪費用，應即作正開銷，以彰崇報。

宋教仁被刺案立時轟動全國。當消息傳到北京高層時，趙秉鈞總理正主持國務院例會，趙聞訊大驚失色，當即離座，環繞會議長桌數次，自言自語道：「人若說我打死宋教仁，豈不是我賣友，哪能算人？」

總統府對於宋教仁的死訊同樣表現出極大的震驚，當秘書處送來宋教仁遇刺身亡的消息時，袁世凱十分驚愕：「寄望遁初挺過難關，不料竟撒手人寰。」袁世凱唏噓不已：「這可怎麼好，國民黨失去宋遁初，少了一個大主腦，以後就越來越不好說話了呀！」

次日，袁世凱指示江蘇都督程德全等相關官員，譴責恐怖暗殺行為，懸賞捉拿兇手，限期破案。但刑事調查的結果，矛盾直指國務總理趙秉鈞。很顯然，人們就會推理趙總理背後的勢力，袁世凱也就在無可辯駁的邏輯中，對宋案負有不可推卸的責任。這有點像二〇一七年韓國的閨蜜干政案，朴槿惠的閨蜜崔順實錯了，朴槿惠就一定也錯了。於是乎，朴槿惠無論有罪無罪，她都必須鋃鐺入獄。袁世凱背負著宋教仁被殺的責任，在四月下旬舉行的宋教仁追悼會上，黃興的挽聯直指袁世凱：

前年殺吳祿貞，去年殺張振武，今年又殺宋教仁；
你說是應桂馨，他說是洪述祖，我說就是袁世凱。

這是基於感情色彩的判斷與推理，並無實證。韓國在野黨發動支持者上街示威遊行，說朴槿惠錯了，要求彈劾她。結果，大法官基於民憤，彈劾了總統朴槿惠；在野黨及其支持者仍然不滿意，繼續走上首爾街頭，要求逮捕被彈劾的總統朴槿惠；檢察官基於民憤，申請法院，逮捕朴槿惠，於是乎，法院批准，朴槿惠鋃鐺入獄。不久，檢察官到看守所審訊朴槿惠，外界得出的消息是，檢察官在提審朴槿惠時，她仍然不承認受賄。這潛臺詞是：我們指控你受賄，你為什麼就是不承認呢？檢察官不是基於事實指控朴槿惠，而是基於反對派的臆測與感情用事。在袁世凱這裡也如此，反對派一致認為，宋教仁是袁世凱指示暗殺的，你老袁就承認了吧。在東方國家，凡事一涉及政治，無罪推定便被束之高閣。百年前的袁總統不能倖免，百年後的樸總統同樣不能倖免。

宋教仁案事實如何，白蕉在其所著《袁世凱與中華民國》一書中，明確表示，該案的發生是出乎袁世凱意料之外的：

> 宋案之始，洪述祖自告奮勇，謂能毀之，袁以為僅毀其名而已，洪即唆武刺宋以索巨金。遂釀巨禍。袁亦無以為自白，小人之不可與謀也，如是。

在國民黨人張繼的回憶中，其值得注意的是袁世凱與洪述祖之間的一段談話：

> 民國二年三月二十九日，偕程仲直（克）先生訪趙治庵（秉鈞），王奇裁（治馨）亦

在，王云：洪述祖於南行之先，見總統一次，說國事艱難，不過是二三人反對所致，如設法剪除，豈不甚好？袁曰：一面搗亂尚不了，況兩面搗亂乎？話止如此。遁初被刦後，洪自南來，又見總統一次，總統問及遁初究竟何人加害，洪曰：這還不是我們的人為總統出力？袁有不豫色，洪出府即告假赴天津養病。

這使我想起蔣經國晚年所發生的江南案，後來曝光的一切證據顯示，蔣經國並沒有直接手令或口令要把江南幹掉。幹掉江南的乃是蔣經國手下忠誠的特務和黑道。他們在殺人曝光之後，據說蔣經國為他們的愚忠和愚蠢氣得死去活來。

在宋教仁追悼會上，京師員警總監王治馨作為特邀代表，也同樣地提到了洪述祖向袁世凱請示誅殺宋教仁的問題：

……宋被刺前，洪曾有一次說及總統行政諸多掣肘，皆由反對政黨政見不同，何不收拾一二人，以警餘餘。袁答謂：反對者既為政黨，則非一二人，故如此辦法，實屬不合云。

《民立報》的一篇時論在上述材料公開後，曾經指出：「洪述祖敢於在總統面前進其邪說，請收拾反對黨一二人，以警餘餘。總統非特不加嚴究，且仍令混跡內部。即此，已無以對我國民。」

難怪，在王治馨的上述談話正式見報後，袁世凱極為惱火。總統府秘書長張國淦在其回憶中，記述著袁世凱見到王治馨的這個講話後的情形：

次日，袁以此剪報給我說：如此措辭，太不檢點，王治馨可惡！趙總理何以任其亂說，登報後也不聲明更正。言時詞色甚厲。

不久，當王治馨在京師總監任上的時候，袁即以貪贓罪親手治死了他。對此，後人一直頗有猜測，以為這是袁氏殺人滅口。

宋案材料公開的次日，江蘇都督程德全立即致電袁世凱，報告了宋案的初審情況，指稱刺宋兇手為北京政府內務部秘書洪述祖所指使，證據確鑿。袁世凱於即日下令通緝洪述祖——但此時的洪述祖已由天津潛身南下，躲進了青島德租界國。洪述祖潛逃青島後，更名匿居。直到一九一八年，洪述祖始因意外被捕入獄，次年三月，由北京政府判處其死刑，絞死於北京監獄。

其實，國民黨人很清楚袁世凱在宋案中所扮演的角色。雖然袁世凱未牽涉其中，但把這項罪名附著在他的頭上，大概是不會有人反對的。這個邏輯就是，洪述祖是你袁世凱的小舅子，當然就是你袁世凱指使暗殺宋教仁了。國民黨人決定抓住這次難得的機會，推倒袁政府。也別說，這個機會倒是千載難逢。問題是，如何利用宋教仁被刺案，國民黨內分歧嚴重。宋教仁的死被本黨同志利用，這是他生前所不曾預料的。以我們今天的觀察，國民黨利用宋教仁的死，去牟取本黨利益最大化，進而實現個人利益最大化，無疑是卑劣的政治行徑。宋教仁之死被利用，其在天之靈難以告慰。

【二次革命】

中國的學生，對於二次革命的理解，僅僅停留在歷史課的考題中。至於內涵，至於為什麼要有二次革命，他們全然不解。歷史不需要學生去理解歷史，只需要他們死記硬背就好。官方說，二次革命是這麼回事，課本、老師只負責填到學生頭腦裡，學生只負責記住官方需要你記住的，一切就萬事大吉了。這還不是通常意義上的那個應試教育，而是一種政治強姦：官方史觀無可爭辯、無可置疑。這就是政治強姦，學生不可以獨立思考。就卑劣的程度而言，這樣的歷史教育，一點都不比國民黨人利用宋教仁的死遜色。

說穿了，二次革命就是孫中山一派，利用宋教仁的死，掀起的新一輪恐怖襲擊。在孫中山他們那個時代，搞恐怖襲擊，被稱為革命；參與恐怖襲擊的人，被稱為革命者。今天社會進步了，國際社會統稱搞恐襲的人為恐怖分子。一件事，兩種截然不同的含義，只因時代不同了。

宋教仁遇刺後，國民黨高層在黃興上海寓所召開會議，黃興主張在法律框架內解決問題，然剛從日本返國的孫中山卻極力主張興師討袁。孫中山的這個主張，只有戴季陶一人隨聲附和。餘者，多站在黃興一邊。因此，在國民黨內部，形成孫、黃兩派。孫中山極力說服本黨同志，聲言：「若有兩師兵力，當親率問罪。」但那時的國民黨，連兩個師的軍隊也沒有。縱然有，亦絕非中央政府的對手。國民黨此時雖號稱擁有皖、贛、粵三省地盤，然孫中山武力討袁的號召一出，親國民黨的三省都督柏文蔚、李烈鈞、胡漢民立刻回電予以拒絕。孫中山以他獨有的邏輯，恐嚇本黨同志，說宋教仁的死，鐵定是袁世凱幹的；袁世凱不僅要消滅宋教仁，還要消滅國民黨全黨，然後「便帝制自為」。

寫本書前，我查閱了大量資料，發現一個現象，就如孫中山所說的，袁世凱的所作所為，無不是衝著皇帝寶座去的。一九一二年的歷史，有這麼書寫的；一九一三的歷史，有這麼書寫的。這時的共和國剛剛建成，袁世凱連總統的位置尚未坐穩，何來帝制自為？孫中山等人彷彿有預見未來的特異功能，提早若干年，便知道袁世凱將來要稱帝。即如此，孫中山及其黨人何以拱手把總統的位置讓與袁世凱呢？你既然預知袁世凱將來要當皇帝，還硬把總統的位置讓給袁世凱，這不是助紂為虐嗎？你們國民黨人不就成了袁世凱稱帝的罪魁禍首了嗎？所以，孫中山貿然汙名化袁世凱，以期通過二次革命，重回政治權力的中心。

會議結束後，孫中山即投入軍事動員。這麼說好聽些，孫中山手裡哪有什麼軍隊。當下的軍隊，是民國的軍隊，統稱國軍。中國歷史敘述，往往偷樑換柱，讓讀者誤以為那是國民黨的軍隊。中華民國的軍隊可以簡稱為國軍，中國國民黨的軍隊也可以簡化為國軍，猶如中國共產黨的軍隊簡稱為共軍。事實上，國民黨是不存在自己的軍隊的，袁世凱執政時不是，蔣介石執政時也不是。宋教仁遇刺引發二次革命時，歐陽武（中將，與李烈鈞等同為江西首批留日深造的士官生）曾稱國軍為袁軍。袁總統下令予以叱責，指出：「今閱歐陽武通電，竟指國軍為袁軍，全無國家觀念，純乎部落思想。」

蔣介石時代的軍隊，其所謂嫡系部隊，頂多有點黨衛軍的意思。但也沒人那麼說，而是直稱蔣介石嫡系部隊。是中共式敘述，才有所謂國民黨軍隊。那意思也無非是，連國民黨都有自己的軍隊，共產黨為什麼就不能有？國民黨有軍隊是合情合理、合法有據的，那麼共產黨擁有軍隊亦然。所以，今天的中國或中國政府，一直沒有自己的軍隊，倒是中國共產黨有一支數百萬人的現代化軍隊。這是絕對的黨衛軍，但他們又自稱為解放軍。而且，軍隊總是不斷強調，黨領導一切。倘若有誰提出軍隊國家化，那就是大逆不道的言行，是要治罪的。更何況，他們的口號激烈、不容置疑：黨指揮槍。還是黨領導一切的意思。說這麼多的題外話，無非反襯一個歷史事實，國民黨沒有軍隊，有的只是中華民國的軍隊。

孫中山沒有軍隊，還要搞二次革命。這麼辦呢？他派親信到國軍系統去搞策反，有時甚至親自出馬，說服國軍，槍口對準自己的三軍總司令——總統。孫中山辦得到嗎？當然，中華民國政治上多元，無論國會，還是內閣，抑或軍隊，哪裡都不是鐵板一塊。多元文化下，政治派別最容易被別有用心的人所利用。再以朴槿惠為例，她的倒臺，就是反THAAD勢力的作用力。換句話說，就是境外勢力，利用了韓國的民主、多元，資助朴槿惠的反對者走上街頭，朴槿惠雖已鋃鐺入獄，境外的某反樸（實為反THAAD）勢力仍落井下石，天天幸災樂禍地咀嚼她在獄中的悲慘生活。臺灣的多元與民主，可否被境外勢力所利用，那要看臺灣人的政治自覺。

我們接著說孫中山策動的二次革命。與宋教仁遇刺相隔一個多月，袁世凱遇刺未遂。這可惱了袁世凱，他在一次談話中，將孫中山和黃興的名字擺到一起，並進行了指名道姓的斥責：

我現在看透，孫、黃二人，除搗亂之外，別無他能。左也是搗亂，右也是搗亂。我受四萬萬人民付託之重，不能以四萬萬人民生命財產，聽人搗亂。自信政治軍事經驗及外交信用，不下於人，彼若有能力能代我，我亦未嘗不願，然今誠未敢多讓。彼等若敢另行組織政府，我即敢舉兵討伐之。國民黨誠非盡是莠人，然其莠者，吾力未嘗不能平之！

這個擲地有聲的戰書，距袁世凱與孫中山、黃興握手言歡不過一年。袁世凱發表這個談話時，在場的有梁士詒、段芝貴、曾彝進三人。當梁士詒請示袁總統，是否可以用個人的身分將這次談話的內容轉告國民黨時，袁世凱厲聲道：「告訴他們，就說是我說的，我可以負全部責任！」袁總統真的怒了，他對《大陸報》（中美共同出資合辦的日報）記者發表談話時，稱國民黨為「這種人」，說他們「已有革命習慣，無建設思想」。

是年六月初，袁世凱下令免去李烈鈞江西都督的職務。李烈鈞可謂是國民黨籍中最有影響的地方實力派，南京留守府撤銷時，黃興曾經將一支裝備最好的軍隊調到江西，交到李烈鈞手裡。袁世凱當時並未加阻攔，考慮的還是一個各派系平衡的問題。宋教仁被刺後，李烈鈞反應激烈，是以成為袁世凱的開刀對象。數日後，另兩位國民黨籍地方都督即安徽都督柏文蔚和廣東都督胡漢民，亦被袁世凱免職。事後，李烈鈞、柏文蔚和胡漢民，都通電表示服從中央的人事安排。

孫中山傻眼了，他沒想到袁世凱如此果決，只得背水一戰，鼓動國民黨同志，連日抗袁。沒搞錯吧？孫中山打內戰，要依靠日本人來滅政治對手。是的，沒錯，孫中山說：「即使將中國的滿洲等地提供給日本也沒有關係。」孫中山這句話，分別見於一九一三年三月二十九日的《民立報》及《宮崎滔天全集》。另有史料顯示，孫中山的二次革命，戰前得到日本三井財團的資金支持（兩千萬日元及兩個師的武器裝備），條件是，孫中山勝利後，須把東三省移交給日本。那時，日本對華正虎視眈眈，欲乘虛而入沒個藉口。國民黨此時要聯日倒袁，等於自棄國人。國民黨內部的普遍反對以及二次革命的失敗，使得孫中山賣國倒袁的計畫破產。中國歷史上，有太多所謂的漢奸賣國賊，而真正具有漢奸賣國賊之實的孫中山，為什麼就成了一些國人的神主與聖人？

孫中山動員的武裝力量實在有限，一時之間，他們無法調兵遣將，攻城掠地，只好在武昌搞一些地下活動，結果被黎元洪破獲，說他們謀刺黎副總統，報入中央，因而大開殺戒，國民黨人寧調元、熊越山等被捕，後來都被槍決。而此時的政府軍，早已枕戈待旦。恰逢其時，袁政府向六國銀行團交涉了兩年的兩千五百萬金鎊（合兩億銀元）善後大借款到位，可謂久旱逢甘霖。此消息一出，軍心大振，國民黨則全黨譁然，認為袁政府欲用非法借款發動內戰，國會參、眾兩院議員，亦函電紛飛，抵死不承認借款案，因而也就為武力討袁增加了一個口實。

李烈鈞表面尊重袁政府的免職令，內心卻一萬個不服。他潛入上海，與孫中山密商，之後又潛返江西湖口，約集心腹同志及武漢避難黨人，密謀討袁，並打響二次革命的第一槍。由於各地的反政府軍由趨民為戰的雜牌軍組成，戰力有限，軍紀鬆弛，士氣不振，缺槍少糧，因而，武昌、上海、南京、安徽、徐州、廣東、湖南的反政府軍，一觸即潰。稍微能堅持一兩周者唯湖口與南京兩處，傷亡潰敗亦慘不忍睹。二次革命，實在是孫中山及少數人的意氣用事，只弄得屍骸遍地，瘡痍滿目，商業凋敝，人民流離，幾至暗無天日。但枉死者，總在萬人以上。可謂是：革命未成萬骨枯。

【致命的反擊】

二次革命展開後，國會裡的國民黨議員也沒閑著，總統選舉法議決後，繞開總統，直接對外發佈。也就是說，本該總統許可權的事，國會越俎代庖了。事實上，孫中山為袁世凱量身定制的責任內閣制，已將總統的權力剝奪殆盡，時稱袁世凱為橡皮圖章總統，他的作用就是蓋蓋章而已。國會通過的事，國務院決定的事，送到總統府，蓋個章就成為法律、就可依法行諸天下了。說得白一點，總統僅有一個法律文書的公佈權。然而，就這點權力，國會中的國民黨團也意氣用事般地給剝奪了，踐踏法律到了肆無忌憚的地步。宋教仁的死，只是一個藉口，國會中的國民黨團的政治目標，就是把袁總統手裡的橡皮圖章，也要奪過來。這是以破壞憲法為手段、以顛覆政府為目的的惡行，袁世凱當然不幹。之前，他依法行使自己的總統權力，儘管國民黨在國會做盡手腳，搞了太多小動作，掣肘袁政府。袁世凱皆以大局為要，能忍則忍。但當國民黨團澈底要剝奪袁總統僅存的那點可憐的權力時，他反擊了——解散國會。我將其稱之為致命反擊。

這個致命反擊，起初很溫柔。也就是說，袁世凱還希望在法律框架下，爭取他作為總統的發佈權。袁世凱跟國會交涉，國會置之不理。袁世凱迂回，通過國務院，給各省都督、行政長官發了一個通電，譴責國會試圖顛覆政府，並指出立憲精神，以分權為原則，然國民黨團在國會一家獨大，一年之內，導致三易內閣，使國家屢陷無政府狀態。

這通電文發出後，袁世凱不再忍讓，於一九一三年十一月初下令（上個月，袁世凱與黎元洪就任中華民國正式正副總統），決定撤銷國民黨議員，令軍警追繳國民黨籍議員證書徽章四百餘件。議院章程，須議員過半數席位，方可開會。現如今，國會人數無法達到法定人數，國會也就癱瘓了。這真可謂一舉兩得，即打擊了國民黨，也相當於解散了國會。這結局豈是宋教仁所願意看到的？

而南方派系受到最致命打擊的，不是袁世凱在國會系統發起的反擊，而是南方人民的厭戰情緒。南方人民討厭孫中山及其黨徒，不顧人民死活，為一己之利，動輒革命，動輒起烽火，動輒生靈塗炭。上海全國商會聯合會致函孫中山、陳其美，表示極力反對二次革命。

二次革命再起之後，無論是江西、江蘇、湖南、廣東、四川、福建等省的獨立運動，還是各地群眾的自發鬥爭，革命黨人再也看不到辛亥年間工商兩界那種雲起回應的熱情了。二次革命所涉的贛寧地區，雖未反對，但卻絕其資助。而其他的一些地區，甚至由商會出面，勸討袁軍讓城別走，以求安寧，他們害怕戰爭影響其實業的發展。而袁政府驕人的政績之一，就是惠及中國實業的一系列政策，以及對實業不遺餘力的扶持。所以，南方商會厭棄戰爭尤甚。更令孫中山們想不到的是，發動二次革命的區域，各界紛紛站出來挺袁，表示效忠政府。倒是反政府軍，成了人人喊打的過街老鼠。

全國人民，皆人心思治。在他們心目中，袁世凱成為安定的力量和太平的象徵。士農工商，無不希望袁總統力挽狂瀾，撥亂反正，重建官箴，恢復秩序。

二次革命前，黎元洪通電聲稱服從中央，給袁世凱極大支持。一九一三年六月中旬，黎元洪如約敞開湖北大門，李純的第六師也依計畫迅速逼進武勝關，一步步地移向長江中游的田家鎮，矛頭直指九江。為配合中央的軍事行動，黎元洪在漢口展開大規模行動，數日之內，捕殺三百多國民黨人。漢口的國民黨人，因此受到毀滅性打擊。

二次革命不足兩個月，以失敗告終，反政府軍全軍覆沒，孫中山、黃興等逃亡日本。

後袁世凱時代

上一節，只是本章的一個鋪墊。宋教仁之死，引發二次革命；通過二次革命這個平臺，袁世凱懾服各方勢力，進而得以掌控全國政局。清末民初，中國有兩個政治人物獲得掌控全國政局這一殊榮，即慈禧與袁世凱。轉型期的中國，前有慈禧，後有袁世凱。政治上，無論貶褒，他們的執政期，無疑都配得上「時代」二字，曰慈禧時代，曰袁世凱時代。

中國歷代政權的更迭，都離不開戰亂這個死結。慈禧時代的結束，引發武昌兵變；武昌兵變，引發十七省獨立。袁世凱時代的結束，造成群龍無首的局面，軍隊將領各自為政，又相互攻伐。南北之間開戰，南方系內訌，北方系內訌，全國亂作一團。

袁世凱去世的第二天，黎元洪繼任總統，各省均來電表示祝賀，就連南方獨立各省也不例外。同時，獨立各省宣佈取消獨立，服從中央。但有個條件，須恢復孫中山訂立的《臨時約法》。袁世凱的死並沒有讓南北彼此妥協，而是矛盾突然加劇。今夕何年？一九一六，距離《臨時約法》（民國臨時憲法）的制定，已過去五六年的時間，這期間，經過了中華民國憲法的正式頒佈以及多次修訂，南方此時此刻提出，一切回到原點，回到《臨時約法》框架下，這種公然的倒退，竟然為中央政府所接受，黎元洪下令，恢復舊憲法，並依此召集國會。同時，黎元洪下令裁撤參政院，任命段祺瑞為國務總理，令其儘快組閣。

南方各派系予以積極回應，孫中山與黃興領導的中華革命黨，公開宣佈停止一切反政府的軍事行動，並將革命黨屬下的東北軍入編政府軍。唐繼堯、岑春煊、梁啟超、蔡鍔等聯合署名，通電全國，宣佈撤銷軍務院，並稱今後國家政務，靜聽元首與國會主持。

中央政府當即以黎元洪總統的名義複電，對南方各省起兵反對帝制再造共和的豐功偉績予以充分肯定。對唐繼堯、岑春煊、梁啟超、蔡鍔等人顧全大局，撤銷軍務院，擁護中央的行動表示慰勉和贊許。

軍務院撤銷，南方各省取消獨立擁護中央，於是重新出現了南北統一的局面，段祺瑞內閣業已組成，中央及各省的軍政要員都需要儘快確定。在段內閣成員中，包括了曾在肇慶軍務院任外交總長的唐紹儀、任教育總長的孫洪伊，以及任司法總長的張耀曾。

接著，根據國務總理段祺瑞的建議，黎元洪總統下令改定各省最高軍民長官的名稱，武官稱督軍，文官稱省長，並根據段祺瑞的提議，任命各省的軍民長官如下：

奉天督軍張作霖，兼署省長
吉林督軍孟恩遠，省長郭宗熙
黑龍江省長畢桂芳，兼署督軍
直隸省長朱家寶，兼署督軍
山東督軍張懷芝，省長孫發緒
河南督軍趙倜，省長田文烈
山西督軍閻錫山，省長沈銘昌
江蘇督軍馮國璋，省長齊耀琳
安徽督軍張勳，省長倪嗣沖
江西督軍李純，省長戚揚
福建督軍李厚基，省長胡瑞霖

浙江督軍呂公望，兼署省長
湖北督軍王占元，省長范守佑
湖南督軍陳宧，兼署省長
陝西督軍陳樹藩，兼署省長
四川督軍蔡鍔，兼署省長
廣東督軍陸榮廷，省長朱慶瀾
廣西督軍陳炳琨，省長羅佩金
雲南督軍唐繼堯，省長任可澄
貴州督軍劉顯世，省長戴戡
甘肅省長張廣建，兼署督軍
新疆省長楊增新，兼署督軍

中央及各省的政府官員確定之後，國會與初秋正式開會，被袁世凱解散的參眾兩院議員，齊集北京。仍由原參議院議長王家襄、副議長王正廷、眾議院議長湯化龍、副議長陳國祥主持會議。黎元洪在國會宣誓，至誠遵守憲法，並向議會提議仍由段祺瑞擔任國務總理。參眾兩院投票，通過了段內閣的組成人選。金秋十月，兩院補選馮國璋為副總統，黎元洪允其仍兼任江蘇督軍。

後袁世凱時代，開局順利，南北皆大歡喜。這樣的蜜月期，隨著局勢的穩定，內訌驟起。這就是中國傳統政治的特點，平地總愛起波瀾。

北方系內訌

張勳復清失敗之後，全國大大小小軍事首腦之間的混戰，便充滿私人性質，兼具動物的地盤意識。漢人遠離權力中心近三百年，行政權一旦由滿人手中發生轉移，漢人便無從把握；善加利用，就更談不上。怎麼辦呢？那就回到叢林，去那個原始的部落，一較高低。自一九一七－一九二八，這一打，就是十餘年，以蔣介石北伐成功告終。我把這個非常時期，稱之為中國的超級內戰。

在這十餘年間，中國有兩個中央政府：一在北京，由北方系軍人承接交替；一在廣州，由南方系軍人承接交替。這時的中國，南北不和，彼此交火；南方系內部不和，彼此交火；北方系內部不和，彼此交火；大派系之間交火，小派系之間交火；小小派系之間亦交火。整個中國，亂成一鍋粥，真個剪不斷，理還亂。即便我們敘述起這段歷史，都感到無從下手。

首先，我們先理清那一時期的中國派系。大的派系，分南北兩系。從時間軸與主動性來說，北方系優於南方系。北方系前後相繼的實力人物分別是袁世凱、段祺瑞、吳佩孚、馮玉祥、張作霖；南方系前後相繼的實力人物分別是孫中山、黃興、宋教仁、汪精衛、唐繼堯、蔣介石。這只是個大概的區分。

北方系又由三大系組成，分別是直系、皖系、奉系。直系地盤，分佈於直隸、湖北、江西、江蘇，靈魂人物為馮國璋、曹錕、吳佩孚、馮玉祥、孫傳芳；主要將領有王占元、陸建章、孟恩遠、李純、陳光遠、齊燮元、王承斌、蕭耀南、方本仁、周蔭人、孟昭月、陳調元。皖系地盤，分佈於北京、甘肅、陝西、山東、安徽、上海、浙江、福建，靈魂人物為段祺瑞；主要將領有徐樹錚、張懷芝、倪嗣沖、段芝貴、吳光新、曲同豐、陳樹藩、張廣建、陸洪濤、楊善德、盧永祥、何豐林。奉系地盤，分佈於黑龍江、吉林、奉天、熱河、察哈爾、綏遠，靈魂人物為張作霖；各色人物聚集一堂，如張景惠、張作相、湯玉麟、孫烈臣、吳俊升、楊宇霆、薑登選、郭松齡、韓麟春、張宗昌、李景林、褚玉璞、邢士廉、畢庶澄。

南方系亦由三大系組成，分別是滇系、粵系、桂系。滇系地盤，分佈於雲南、貴州、四川南部，靈魂人物為蔡鍔、唐繼堯、龍雲、盧漢。粵系地盤，分佈於廣東，靈魂人物為龍濟光、陳炯明、許崇智、李濟深、陳銘樞、陳濟棠。桂系地盤，分佈於廣西、廣東、湖南南部；靈魂人物為陸榮廷。主要將領有：陳炳焜、譚浩明、莫榮新、沈鴻英。後桂系靈魂人物為李宗仁、白崇禧、黃紹竑。可以發現一個有趣的現象，南方系中的三大實力派系（擁有地盤與武裝力量），孫中山都不在其列。說明孫中山是個遊走類的政治人物。無寸土無兵卒的孫中山，卻獲國父名號，堪稱史無前例的一個政治玩笑。

除了南北系外，還有些零散系，如張勳的徐州系，以徐州為中心，勢力遍及蘇北及皖北地區；如閻錫山的晉系，勢力遍及華北地區；如馮玉祥的西北系，地盤佔據察哈爾、綏遠、寧夏、甘肅、陝西、河南、山東等地，主要將領有：張之江、李鳴鐘、宋哲元、劉鬱芬、張維璽、孫良誠、鹿鐘麟、韓複榘、孫連仲、石友三、吉鴻昌等；如譚延闓、湯薌銘、程潛、趙恒惕、唐生智等人的湘系；如胡景伊、周駿、劉存厚等人的川系；如楊增新的新疆系。

在所有派系中，孫中山與張勳，只能是那個混戰時代的兩個小插曲，無關宏旨，也無關大局。惟一的強人是袁世凱，但他壽命太短，五十七歲就死了。一九一一－一九一六，從出山到去世，袁世凱在屬於自己的政壇上，也僅僅活躍了五六年。他還來不及複製一個自我，就撒手而去。袁世凱身後，段祺瑞算是強者，但比起袁世凱，無論軍事才能、行政才能，還是國內凝聚力、國際聲望，都不是差一點的問題。段祺瑞的手，在皖系內部比劃兩下，綽綽有餘；出了那個狹小的圈子，便無能為力了。段祺瑞尚且如此，其他人就更不值一提了。既然彼此彼此，誰也不服誰，遇事商量不下去，便只有訴諸武力。中國十餘年的超級內戰，就是在這一大環境下產生的。超級內戰，令初生的中華民國尊嚴掃地，令國民頹廢而絕望。

北方派系林立，段祺瑞的皖系最為強勢，次為直系。直系中又分南京系（馮國璋），以及保定系（曹錕、吳佩孚）。

一九一二年，清帝退位，打破原有的平衡；袁世凱花數年時間，建立起新的平衡；一九一六年，剛剛建立起的平衡，隨著袁世凱的去世，再次被打破。五年間，中國人經歷了兩次平衡的打破。這災難無疑是深重的。

下面，我們僅把北方系內訌（直系與奉系之戰）的一個片段拿出來，作為那一時代的混戰標本。相關內容，源自美國女記者寶愛蓮的《民國群雄採訪錄》（團結出版社二〇一五年版），其敘述主角為吳佩孚與張作霖。北方系內訌的原因，用一位英國觀察者的話說，就是各自將個人野心與他們所理解的救國救民宗旨混為一談。

一九二二年春，直奉即將開戰，寶愛蓮接到任務，報社要求她去採訪交戰雙方的領袖，即直系的吳佩孚，奉系的張作霖。寶愛蓮眼中的張作霖是這樣的：緞子長衫，外套黑絲絨馬褂，頭戴黑色綢子瓜皮帽；聲音柔和，與陌生人握手寒暄時，一臉親和的羞怯。張作霖評論這場大戰，是必須的手術，因為中國已病入膏肓。坐著說話時，他習慣於用消瘦而細長的手指敲擊桌面。給陌生人的第一印象，張作霖就是鄰裡大叔，外帶那麼一點儒雅。張作霖形容對手吳佩孚，是阻礙國家統一的障礙。聲稱自己的開戰決定，是為了國家利益。

採訪完張作霖，寶愛蓮自東北回到北京下榻的酒店，接到總統府禮賓部王凱的一封信，說總統徐世昌同意接受她的採訪。徐世昌是典型的後袁世凱時代人物，當民國的將軍們發生無法調和的衝突時，他被拉來，安放到總統寶座上，平衡各方勢力。各派都可以接受的人物，也往往難以左右各派。徐世昌因此成為一個政治擺件，其個人感受，不言而喻。儘管如此，徐世昌的身上，「仍保留著清王朝官員的儒雅和威儀。這種東方式的謙和溫良，即便身處如影隨形的死亡或監禁威脅之中，還是依舊故我」。這是徐世昌留給寶愛蓮的印象，真是好極了。

採訪結束時，寶愛蓮與陪同的官員一同起身，在總統面前圍成一個半圓，一起向他鞠了深深一躬。退到半途，再次一起向總統鞠躬；快出門時，第三次鞠躬。每次鞠躬，徐總統都回禮如儀。整個過程中，沒有人發出任何聲音，屋子裡鴉雀無聲。徐世昌在西方記者面前，所保有的那份尊嚴，既是民國的，也是國民的。在那個昏暗的年代，這是不可多得的一抹亮彩。

作為國家元首的徐世昌，在這次採訪中，發表了他自己的看法，他說：「我已經竭盡所能，來阻止中國爆發內戰。這幾年，中華民國被分割為好幾個陣營。在世人看來，這個國家已經因為內部紛爭而四分五裂了。因此，對我們來說，國家統一是首要目標。現在，戰爭威脅四起，如果能在這種情況下達到團結一致的目標，即使付出再大的代價，也是值得的。」不久，徐世昌即辭職下野。從一九一八年入主總統府，到一九二二年辭職，徐世昌為民國服務近四年，算是那個動盪年代中，做總統最久的一位（袁世凱做總統，也僅僅四年多）。

採訪完徐世昌總統，寶愛蓮隨即與《大陸報》記者柯羅思（Upton Close）南下洛陽：

我與柯羅思勉強擠進一節被大兵和難民佔據的車廂。在出北京以南幾英里遠的六裡火車站，一些曹錕部隊的士兵們熙熙攘攘地擠上了火車（曹錕大帥是吳佩孚的頂頭上司）。其中一些湧進了我們的車廂，坐在了車廂地板上。他們都是負責監督民夫挖戰壕的。曹錕的士兵們個個頭髮凌亂，骯髒不堪。他們似乎對自己的槍渾不在意，總是拿出來隨意擺弄，還時不時地把槍口到處亂指。我被他們弄得心驚肉跳。車廂異常擁擠，空氣不流通，變得渾濁惡臭。

天終於亮了，火車在保定府作了短暫停留。保定府是以曹錕和吳佩孚為首的直系軍閥的大本營。那些士兵在這裡下車離開，另外一些又湧了上來。跟著擠上來的還有更多的難民，隨身帶著包袱、茶壺和成串的大蒜。接著，火車又開動了，我們也開始了下一階段的折磨。……醒來時，洛陽已快到了。列車服務員這時也來了，送來灑了香水的熱毛巾，又替我們斟上熱氣騰騰的茶，喝了提神醒腦。經過這麼一番休息整頓，下車時，我又重新變得精神飽滿。

描述到吳佩孚，寶愛蓮寫道：

他的起居室十分簡樸，完全比不上張大帥家。起居室延牆排列著紅木書櫃，裡面擺滿了書。窗邊的陽光下，掛了一幅華盛頓肖像油畫。

吳佩孚著一襲暗湖色綢子長衫，外套一件錦緞馬褂。吳佩孚起身走到華盛頓畫像前說：「我對這位美國英雄佩服得五體投地，他是一位正直的、有教養的紳士，一位剛正不阿的政治家，一位不為自己，只為美國人民的利益而戰的英勇戰士。」

他真誠地說：「我的雄心是學習華盛頓。他為美國人民所做的貢獻，我要能為中國人民做到幾分，就心滿意足了。華盛頓將北美各州統一成一個國家，我希望能統一中國各省，讓我國也繁榮與富強起來。」

聊開後，昊佩孚終於把矛頭指向了張作霖：「要統一中國，就必須把中國大地上那個土匪先剷除掉，因為那傢伙賊心不死，從來沒有受到改造。」聽了這話，我不由想起幾天前張作霖在我面前譴責吳佩孚是「統一中國的障礙」。

……

開戰前，吳佩孚帶著家眷北上保定，那裡是大戰的中心，也是北方系軍隊的指揮部。洛陽市民不相信吳佩孚帶著眷屬上作戰一線，都跑出來看個究竟。事實果真如此。北上的運兵車，抵達保定。當地政府的官員及士紳代表，已在月臺等待吳將軍的到來。準備逃往漢口的難民，則擠滿整個月臺，焦慮不安，唯恐搭不上南下的火車。吳佩孚著紫色制服，金色肩章，在衛兵保護下，走下火車。軍樂隊見吳將軍下車，竟然奏響美國南方聯盟的國歌《迪克西》，令人詫異。更令人詫異的是，一個醬紫面皮的刺客，竟然突破護衛，齜牙咧嘴地朝吳佩孚撲過來。吳將軍身邊的衛兵，手疾眼快，飛身擋住刺客，並將其擊斃。吳佩孚一行，在衛兵的保護下，迅疾離開車站，趕往吳佩孚在保定的公館，那裡如臨大敵，崗哨林立。

……

吳府實在太大了，我一直都沒弄清它的整體佈局，根本摸不清門路。那裡頭房間連著房間，庭院套著庭院，還有數不清的古井，曲折的回廊、出其不意的門洞、無數的花園。這一切組成了一個巨大的迷宮，使我完全迷失在裡頭。我覺得這宅院之大，似乎從一個街區延伸到下一個街區，走在裡頭，根本搞不清方向。

……

吳將軍匆匆向家人道別，之後便領著衛兵們一道離去，消失在夜幕中。我們走出吳府大門，觀看大部隊出發。士兵們排著長長的隊列，踏著正步向火車站行進。星光下，軍人們的輪廓被勾勒得分外鮮明。隊伍數量龐大，從我們面前一撥一撥行過。一些士兵看起來不過十三四歲。他們穿灰色制服，帶紅袖筒，雙肩挎背包，背包上綁著挖戰壕的鑿子、鐵鏟，還掛著提燈、茶壺以及油紙傘、鬧鐘和熱水壺。現在回想起來，士兵們上戰場居然還帶著扇子、雨傘和陶瓷茶壺之類的東西，的確有些可笑。但那晚的場景，可沒有半絲玩笑的成分。

緊隨隊伍後面的是裝著寢具和供給品的雙輪騾車。趕車的都是些小男孩，他們在車子兩邊一路小跑著，氣喘吁吁地尖聲吆喝，訓斥那些強頭強腦的騾子。

最讓人震驚的是騾車後面的隊伍。只見大批民夫用毛竹抬著一具具厚重的棺材，組成一個長長的死亡運輸隊。見我目瞪口呆的樣子，吳夫人解釋說，有了這些棺材，士兵們才安心，知道萬一戰死的話，軀體不會離開這片土地，靈魂也將認祖歸宗有所依靠，不會沒有著落，四處飄蕩。

……

火車在琉璃河站停下，前面就是兩軍陣地。爬上村莊的門樓，戰場全景盡收眼底。往前去，是新挖的戰壕，裡頭滿滿當當全是直軍士兵。直軍陣地向北四五英里處，聳立著長辛店的陡峭山脈。每一個山脊都有張作霖的奉天部隊在挖戰壕。我透過望遠鏡可以看到上面的排炮陣地，居高臨下對著平原地區。正值雨後初霽，位於兩軍陣地間的山谷顯得蔥翠欲滴，但不需多久，戰火就會將它澈底摧毀。

這片兩軍之間的無人區蔓延一百二十英里左右，一直向東南方向伸展到渤海岸。它起自北京城南十英里的長辛店（北京現在已成了孤城，所有城門緊鎖），終於天津邊界（津門已陷入一片驚恐之中，外國租界紛紛築起沙袋和鋼絲網，把自己圍起來。由英國、美國、法國、義大利和日本的駐軍負責守衛）。

剎那間，直軍開始衝鋒了。大批士兵從戰壕裡蜂擁而出，匯成一條巨蟒，蜿蜒前沖。另一些直軍衝出了連綿的帳篷，邊跑邊扣緊軍服。其餘士兵則衝出橫七豎八停在鐵軌上的列車車廂。他們匯到一起後，組成吳軍最著名的波浪陣，緩慢地穿過大片的玉米地。直軍展開一個四十英里寬的鋒面，衝向前方奉軍放棄的前哨陣地。但死亡也開始降臨，彷彿割草一般。山頂的排炮打過來，整個山谷被炸得震耳欲聾，地動山搖，那場面宛如一條沉睡在山谷裡的巨龍突然震怒，一邊張嘴噴射烈焰，一邊晃動巨尾，瘋狂拍打大地。

未幾，直軍的大炮也開始強力反擊了。在炮火掩護下，直軍士兵再次向敵方的前哨陣地發起衝擊。沒想一顆威力巨大的散榴彈突然在隊伍中開花，衝鋒勢頭一下受阻。那場景就像是一個神勇的巨型農夫手拿死亡鐮刀在收割著一群人，而不是穀物。

太陽在空中高懸，整個戰場卻被塵土和硝煙籠罩，渾濁不清。但還是可以看出，直軍慢慢占了上風。他們推進到了奉軍前哨陣地後，雙方開始肉搏，以最原始的方式徒手廝殺。我不知道該如何形容那種可怖的場面。

寶愛蓮趕回保定時，吳佩孚已取勝。全國各地的政客、求職者或騙子，都搭火車趕來，保定府一下子成了中國的麥加，北京反倒被棄諸一邊。寶愛蓮再次登門採訪，吳佩孚說：「對於中國不得不經歷戰亂，我是萬分難受的。目前看來，統一中國的障礙已經掃除了一個，但還有另一個障礙有待掃除。」吳佩孚所指地另一個障礙，就是南方的孫中山。

談及政局，吳佩孚說：「我正在以軍人的身分，在做我分內的事情。至於建立強大的中央政府方面，中國自有許多閱歷豐富的傑出人才能發揮作用。我倒是很贊同召回原來的國會，讓黎元洪回來作總統，抵制日本對中國的干涉，遣散軍隊，讓士兵們參與修路、防汛等工程，消滅土匪，歸整中國內地，這樣當外國人與我們進行商業往來時，我們能提供一個足夠穩定的國家環境。」在戰亂時代，要實現這些理想，何其困難。

在北方系內訌中，吳佩孚的直系與張作霖的奉系，有過兩次交戰，各有勝負。我們前面說

南方系內訌

下面，我們再來說說南方系內訌。南方系中，有東南系、西南系、兩湖系、兩廣系。這只是一個籠統的分類，並不準確，彼此的交叉性，也無法讓我們一刀切式的分出個彼此。

當北方內訌（直系吳佩孚與皖系段祺瑞）正烈之際，南方內訌——桂系、國民黨與廣東地方派軍人之間的三角之爭，以及滇桂兩系之爭，亦日趨激烈。國民黨指責桂系勾結北方的直系，桂系則攻擊國民黨祕密妥協於北方的皖系，互相把「通敵」的罪名加到對方頭上。隨之，雙方又在湖南問題上展開爭鬥。

孫中山乘北方內訌，無暇顧及南方，便在西南發動粵桂之戰，結果是粵勝桂敗。與此同時，川滇黔之間又爆發戰爭。東北王是張作霖，西南王則是唐繼堯。一九二一年初，唐繼堯敗走香港。不久，孫中山要求廣州的國會議員從速選舉總統，威脅如不照辦，他就一走了之。在孫中山的堅持下，廣州的非常國會舉行會議，選舉孫中山為非常大總統。隨之，運行四年之久的軍政府，被孫中山政府取而代之。孫中山政府，史稱「廣州中華民國政府」，名稱上不倫不類，邏輯上荒謬不堪。

孫中山籠絡廣東省長陳炯明，得以在此組建非常國會，並通過這個國會，使自己的這個非常大總統合法化。陳炯明雖然與孫中山一同謀事，但政治分歧，還是使得他們分道揚鑣。這二人的分手，沒有遵從君子之道，陳炯明直接發動兵變，孫中山狼狽逃竄，其在廣州的總統府陷入一片火海。陳炯明的部隊雖然只有兩萬多人，但對付孫中山足矣。孫中山逃到珠江上的一艘軍艦上。幸運的是，海軍一直保持對他的忠誠。

初秋時，孫中山離開軍艦，回到上海陸租界安靜而樸素的家中。過去數周，他一直以軍艦為總部，早已疲憊不堪。寶愛蓮在上海，採訪了孫中山：

我被帶進一間正式客廳，裡頭擺放著簡單的中式家具。落座後，孫中山告訴我，過去數月的煎熬總算有了成果。一個新的因素進入下一步的考慮範圍，這個因素便是蘇聯。他說，英美兩國都拒絕承認南方政府，也不願意援助國民黨人。因此，尋求蘇聯幫助，是唯一出路。說到這，他眼裡流露出一絲傷心。

孫中山的聯俄未能進入實質階段，他便撒手人寰。群龍無首的南方系，開始政治大洗牌，國民黨中央執行委員會發表政府改組宣言。廣州國民政府以委員制（集體領導）取代一長制（即結束孫中山專制），以汪精衛、廖仲愷、胡漢民、徐謙、譚延闓、孫科、于右任、許崇智、程潛、伍朝樞、朱培德、張繼、戴季陶、林森、張靜江、古應芬十六人為委員，以汪精衛、譚延闓、許崇智、林森、胡漢民為常務委員，以汪精衛為主席。毫無疑問，汪精衛是繼孫中山之後的南方領袖。換句話說，是汪精衛主導，終結領袖專制。

為結束南方系內訌，實現軍令統一，廣州國民政府成立軍事委員會，直屬於國民政府。汪精衛為軍事委員會主席，胡漢民、伍朝樞、廖仲愷、朱培德、潭延闓、許崇智、蔣介石七人為委員。這時的汪精衛可謂是南方系的軍政一把手。

一九二六年，南方系派生左右，是年秋，左派的廖仲愷遇刺，同為左派的汪精衛、蔣介石，亦成為右派的刺殺對象。蔣介石下令廣州城戒嚴，清理極右勢力。蔣介石處理得當，在南方系政治地位迅速躥升，被委任為廣州衛戍司令，遂又擔任國民革命軍第一軍軍長。自此，蔣介石成為亂世的英雄。

第四章
那一代人的精神

民國範兒

一代人創立一種精神，等於為中華民族尋找一種通往現代文明的路徑。以慈禧為當家人、以袁世凱為推手的那代人，決心改造清帝國這倆破車，使其能夠達到在鐵軌上奔跑的國際標準。那代表一種文明，代表一種精神。那些東西是西方的，日本拿來，崛起了；現在，清帝國也要拿來，也想崛起。當清帝國的精英躍躍欲試時，慈禧與光緒皇帝的離世，以及激進分子的恐襲行動，給帝國的崛起，帶來諸多變數，而且變得越來越不可能。即便袁世凱那樣的政治軍事強人，在面對孫中山激進為中華民國臨時總統時，也只能弱弱的問一句：何以如此?說好的漸進式改革呢?

南方叛軍的行動，給清帝國的漸進式政治改革打上休止符。慈禧的九年立憲過程，到攝政王載灃那裡改為五年立憲過程；激進分子及其鼓動下的叛軍，五年也等不了，便立馬行動，自己建國，自己當家做主。清帝國與國中國的中華民國，就這麼在焦灼中，走向一個別有不同的國度。一邊是清帝國，一邊是民國；一邊是帝國不叫帝國，一邊是民國也不叫民國。從這混沌中，找到一條路，找到一條文明之路，那必定要付出一代人乃至幾代人的心血，乃至是生命。在這個引入立憲文明、創造人文精神的時代，每一位參與者，無疑都值得後來者敬重。

中國歷史的書寫者，歷來把秦始皇建立帝制（西元前二二一年）至漢人建立共和（一九一二年）這兩千一百三十三年，稱之為專制時期。這真是天大的誤會，孫中山雖然只做了四十多天的共和國總統，他的政府不專制嗎？袁世凱做了四年共和國總統，他的政府不專制嗎？蔣介石做了幾十年共和國總統，他的政府不專制嗎？毛澤東做了幾十年共和國主席，他的政府不專制嗎？一九八七年，蔣經國以專制結束專制，這不能表述為中國人結束了專制時代，只能說是臺灣結束了專制。而更能廣泛代表中國人的大陸政權，至今仍行秦政制。所以說，中國的專制不僅沒有終結於一九一二年，且延續至今。

但這不等於說，中國人就沒有現代文明、現代意識了。只不過，這些極其珍貴的東西，僅僅停留在了大陸人的美好記憶裡。而這些彌足珍貴的記憶，也僅僅是大陸精英階層的記憶，而大眾的記憶，彷彿只有「黨的恩情比天大」那類東西，就是俗稱的洗腦。腦子被洗的，彷如白板一塊，見不到一絲陰影，見不到一絲別有不同的因素。被洗腦者堅信，一切幸福來自一黨專政的那個黨，來自黨魁，來自黨治下的政府；他們堅信自己的一切不幸，來自國內外的敵對勢力的干擾與破壞。他們是這麼認識世界的，也會言傳身教於子女。

中國的精英階層，過著富足的物質生活，所談論的話題，不是質疑專制政治，就是思考國家的未來；而底層百姓的話題則永遠停留在「如今咱過上了好日子」，你若跟他談負面的東西，他第一個就站出來，去政府那裡檢舉揭發你倒行逆施的言行。窮人維護專制，精英撻伐專制。這就是窮人與精英的最大不同，專制者看到了這不同，便不遺餘力的去消滅精英，維持窮人的愚昧無知。他們的目標就是，使窮人更窮（至少精神層面如此），使精英不再精英，首先使他們在物質上走向貧乏——精英失去物質——精英每天為一日三餐奔忙，還會去質疑專制嗎？所以，有教授向專制集團獻媚，說只有讓人民永遠處在溫飽線以下，他們滿腦子都是想著一日三餐的事，而不去想溫飽以外的事，那樣國家就穩定了。

如今，是一個「微言絕，靜悄悄」（黃萬裡曾用這句話形容毛時代）的時代。因而，我也就特別懷念中國人的二十世紀八十年代，也特別懷念中國人的二十一世紀的前十年，那時的文化界、學術界，所談論最多的就是民國精神、民國範兒，所津津樂道的還是民國精神、民國範兒。到底哪些東西才是民國精神、民國範兒？希望接下來的討論，能直達民國精神的實質。

體面的葬禮

【為隆裕太后下半旗致哀】

這一節，我們通過隆裕太后與袁世凱的葬禮，從另一個角度，來感受一下民國精神民國範兒。先說隆裕太后。

隆裕太后病逝於一九一三年的早春二月。在她病重期間，袁世凱等要員，以不同的形式，給予關懷慰問。正月十日，為隆裕太后萬壽節，袁總統特遣梁士詒為專使，前往道賀，賚送藏佛一尊，及聯額數幅，並總統標準像一幅。照片上僅署「袁世凱敬贈」，並無職銜。表現出袁世凱對於皇室、對於隆裕太后本人的尊重，也體現了漢人處事的細膩之處。這時的清宮，一切照舊，裡面該稱皇帝的，還稱皇帝，該稱太后的，還稱太后，但範圍僅僅限定在宮內。這也是包含在清室退位優待條件之內的，並無差池。梁士詒乘輿至乾清門前，徒步至上書房。內務府大臣世續相迎，引入乾清宮正門，再至殿宇。

隆裕太后端坐寶殿之上，兩旁依舊是宮女侍護，寥寥無幾的王公大臣，垂手待命。隆裕太后面容憔悴，見了梁士詒，未語淚先流。梁士詒三鞠躬後，遞呈文書：「大中華民國大總統，謹致書大清隆裕太后陛下，願太后萬壽無疆。」這個措辭，很像是國與國之間的關係，大中華民國對大清國。然不這麼說，又該如何稱呼隆裕太后呢？舍此，便是欺負紫禁城裡的孤兒寡母。當然，袁世凱已然為民國總統，也不便再在隆裕太后面前稱臣。管他什麼邏輯不邏輯，合理不合理，暫且這麼稱呼著吧，對清室起碼的禮遇、起碼的尊重，是袁世凱的一向原則。袁世凱作為漢人的代表，也展現了漢人的寬廣胸懷。隆裕太后病體在身，由世續代為致詞：「萬壽慶辰，承大總統專使致賀，感謝實深。」當然還有很多的客套話，餘不一一。

世續每念一句，隆裕太后便淚灑一行，世續也往往受其影響，哽咽不止。那淚，啪嗒啪嗒，滴在致詞書上，猶如雨打沙灘點點坑。世續念畢，隆裕太后已是淚水連連。整個過程，侍駕的宮女一手遞過一塊幹手絹，一手接過淚透的濕手絹，十多分鐘，往復數次。隆裕太后並非要哭給舊臣看，她實在是感情難抑。她暗自掐腿數下，內心自責：「你這不爭氣的淚水呀，求求你就別再往下流了。已然對不起列祖列宗，難道還要讓這不爭氣的淚水丟人現眼不成？」越自責，那淚水越發的流個不住。

梁士詒見此情景，傷感道：「請太后多多保重，我等告辭。」說完，退了幾步，轉身離去。隆裕太后目光呆滯，絕望地打量著梁士詒等人離去的背影。半晌，隆裕太后不言退朝。大臣及宮女們，默然相陪。就這麼呆坐下去，也不是個事，世續是以陪著小心，提醒道：「太后，該退朝了。」隆裕太后似已靈魂出竅，對世續的提醒，毫無反應。這可嚇壞身邊的宮女：「太后，太后你醒醒！」世續低聲訓斥道：「嚷嚷什麼，當心驚駕。」遂與其他大臣、太監等，七手八腳，把隆裕太后抬到鑾駕上，速回寢宮，請太醫診脈，湯藥伺候。次日，隆裕太后即臥床不起。

自退位以來，隆裕太后始終悒悒不歡，常跟人說：「不想祖宗基業，斷送我手……孤兒寡母，千古傷心，每睹宮宇荒涼，不知魂歸何處……」是以抑鬱成疾。至御殿受賀那日，起初還有些興致，梁士詒尚且代表袁世凱前來敬賀，倒是宗室王公大臣，多半避匿不來，隆裕太后更是悲從中來，病情加重，不免話黏語稠起來：「都說樹倒猢猻散，這樹還沒倒呢，個個散得，影兒也無。從前，老佛爺在的時候，那是什麼光景？熱鬧死個人。如今，世態炎涼，冷惱死個人。我這是哪輩子作得孽，不濟的事，一樣沒少，全讓我趕上了。我這命啊！」說著，又哭了個死去活來。

隆裕太后哀歎道：「我這是哪輩子作得孽，不濟的事，一樣沒少，全讓我趕上了。我這命啊！」說著，又哭了個死去活來。（魏得勝製圖）

此時的徐世昌，尚為清室太保，因督造光緒陵寢（名曰崇陵，為中國歷代皇帝中的最後一座墓地，始建於一九〇九年，一九一五年竣工），置身京外。因聞隆裕太后病重，徐世昌特地回京，入宮謁見。看病人就看病人吧，徐世昌也沒多想，趁這工夫，向隆裕太后請辭太保一職。徐世昌也許覺得，這都民國多年了，自己還頂著一個太保的頭銜，怕不合適。再說了，頭頂帝國官銜的，絕大多數是他們滿人，漢人官員大都供職於民國。如此一來，漢人繼續給滿人做奴才，就顯得很異類。過去謁見皇室裡的人，漢人都要自稱奴才。如今，民國了，清室也退位了，雖不必再口稱奴才般的自輕自賤，但感覺上，也始終如鯁在喉。

隆裕太后哪受得了這個，她沒有徐世昌的角度，因而也就想當然的認為，徐愛卿也要遺棄他們孤兒寡母，進而奔向民國，奔向光明的前程。徐世昌請辭的話音剛落，隆裕太后忍住淚水，囁嚅道：「徐愛卿，是哀家拖累你前程了嗎？」徐世昌知道自己請辭考慮不周，遂安慰道：「太后多慮了。」隆裕太后道：「徐愛卿，勿舍我孤兒寡母而去……」話未說完，已泣不成聲。徐世昌頓時老淚縱橫：「太后，臣謹尊懿旨。」隆裕太后還要說什麼，卻因悲傷過度，始終無法說出。此情此景，徐世昌不忍睹見，道聲「太后保重」，含淚退出大殿。徐世昌走後，隆裕太后身子一癱，暈厥過去。

徐世昌自清宮而出，徑往總統府，向袁世凱面陳隆裕太后病情。袁總統時時感念清室提攜之恩，一九一二年初，袁世凱曾對外國駐華大使說：「餘不欲背先朝之恩義，欺可憐之孤兒寡母，而圖自己之安全。」袁世凱的原話，載於上海《民立報》一九一二年一月七日，第四百四十七號上。因自己公職在身，不便親往探視，遂命徐世昌為代表，再次入宮慰問。見隆裕太后於昏迷之中，徐世昌乃與世續、紹英等商議後事。遂又叫來溥儀，侍於病榻一側。

這天，隆裕太后蘇醒，見溥儀在側，勉為其難的把瘦骨嶙峋的手伸出被子外，軟綿無力的抓住溥儀的手，淚流不止。良久，才攢足力氣哀歎道：「可憐你生在帝王家，什麼還都不懂，國已亡矣。唉！母將死矣，你依舊什麼都不懂。我兒可憐。」說完，哽咽不止。過了好一會兒，隆裕太后使出渾身氣力，捏了溥儀的手兩下，複又道：「我要與你要永訣了，好壞聽你自為，我不能再照顧你了。」見世續進來，隆裕太后手指溥儀，卻再也說不出一句話，遂撒手人寰，享年四十六歲。

袁總統驚聞噩耗，哀歎不已，遂派蔭昌、段芝貴、孫寶琦、江朝宗、言敦源、榮勳等要員，前往宮中，協理治喪，並命國務院佈告天下。佈告共兩則：

據清室內務府總管報稱，二月二十二日醜時，隆裕皇太后仙馭升遐等語，當經派員查檢，醫官曹元森、張仲元等所開脈方，俱稱虛陽上升，症勢叢雜，氣壅痰塞，至二十二日醜時，痰壅薨逝。敬維大清隆裕皇太后，外觀大勢，內審輿情，以大公無我之心，成亙古共和之局，方冀寬閑退處，優禮長膺，豈圖調攝無靈，宮車宴駕？追思至德，莫可名言，凡我國民，同深痛悼。除遵照優待條件，另行訂議禮節外，特此通告！

茲值大清隆裕皇太后之喪，遵照優待條件，以外國君主最優禮待遇，議定各官署，一律下半旗二十七日，左臂圍黑紗。自二月二十二日始，至三月二十日止，以志哀悼，特此通告！

兩份通告折射出的信息，頗可一解。先說第一個，給隆裕太后蓋棺定論，評價不可謂不高，諸如隆裕皇太后「大公無我」，諸如「追思至德，莫可名言」等等。再說第二個，「以外國君主」言及隆裕太后，說明滿清在漢人心目中的角色，然又給予「最優禮待遇」（各官署下半旗二十七天，以志哀悼）。這個平衡拿捏也還得當。一個漢人政權，不計前嫌，給侵略者的後人——隆裕太后陛下以國葬禮遇，無論如何都是一種寬廣胸懷的展現。

不僅如此，袁世凱還令各部院長官，親往宮中祭奠；並召開國務院特別會議，遵照清室優待條例（民國政府優待皇室一年四百萬兩），所有崇陵未完工程，應如制妥修，所需經費，均由中華民國支出；隆裕太后贊成共和，有功民國，一切喪葬禮節，務須從優，所需經費，亦由中華民國支出。國務院的特別會議形成文件後，提交至參議院表決，最終獲得一致通過。這無疑是漢人政權，以集體的形式，向隆裕太后做最後的致意。

隆裕太后去世後，民國各地軍政要員，紛紛唁電清室，以示哀悼。副總統黎元洪在唁電中，稱隆裕太后「德至功高，女中堯舜」；山西都督閻錫山在唁電中，稱隆裕太后「賢明淑慎，洞達時機，垂憫蒼生，主持遜位。視天下不私一姓，俾五族克建共和，盛德隆恩，道高千古」；國民哀悼會的發起者吳景濂，更是盛讚隆裕太后：

以堯舜禪讓之心，贊周召共和之美，值中國帝運之末，開東亞民主之基。順天應人，超今邁古。僉謂美利堅之獨立，受戰禍者或七八年；法蘭西之革命，演慘劇者將數十載，雖伸民氣，實苦生靈。前清隆裕皇太后，默審潮流，深鑒大勢，見機獨早，宸斷無疑。詔書一下，化干戈為壇坫，合五族為一家，大道為公，紛爭立解。蓋寧可以敝屣天下，斷不忍塗炭生民，所謂能以私讓國。

三月十八、十九兩天，在太和門前廣場舉行了全國國民哀悼會，前去弔唁者達到五萬之多。國民政府在太和殿舉行的國民哀悼大會，靈堂上方設置「女中堯舜」的白色橫幅，隆裕像被擺放在靈堂正中，所有外露的樑柱皆採用白布包裹。靈堂內擺滿挽聯、花圈。靈堂的前後左右，是莊嚴肅穆的軍中儀仗隊。最後，我們用副總統黎元洪的一副挽聯，來結束隆裕太后葬禮的書寫：

片語息兵戈，民國酬恩應第一。

全軍為墨經，深宮弭亂更何人？

【為袁世凱下半旗致哀】

袁世凱臨終前，遺囑於徐世昌，段祺瑞、王士珍三人，說「余之死骸勿付國葬，由袁家自行料理」。這是袁世凱個人的遺願。然他早已不屬於袁氏獨有，他是屬於民國的，他是漢人公共的精神遺產，也就由不得他決定自己的葬禮如何操持。這關係漢人的顏面，關係民國的精神。新的漢人領導者，必須依靠袁世凱的葬禮，凝聚漢人的心，凝聚民國的力量。所以，袁世凱去世的當天晚上，段祺瑞便派太太張女士帶著孩子，進總統府為袁氏守靈，恪盡忠恕之道、哀思之情。治喪期間，段祺瑞親率各部總長，輪流守靈。新繼任的總統黎元洪，更是發佈總統令，借葬禮安排，盛讚袁世凱為共和大局「苦心擘畫，昕夕勤勞」。要求國務院，參酌中外典章，使總統葬禮「務極優隆」。

袁世凱生前宣佈獨立的陝西都督陳樹藩，除宣佈取消獨立外，更致電北京中央政府優禮袁氏。陳樹藩在電文中說：「……獨立雖得九省，而袁大總統之薨逝，實在未退位以前，依其職位，究屬中華共戴之尊，溯其勳勞，尤為民國不祧之祖。所有飾終典禮，擬請格外從豐，並議訂優待家屬條件，以慰袁總統不能明言之隱，以表我國民猶有未盡之思。」

在陳樹藩看來，袁世凱才是當然的民國之父。即便就歷史貢獻、歷史地位、國內外聲望，袁世凱都應該是當仁不讓的國父。可惜，他的君子不黨的政治理念，讓他只能成為一個廣泛意義上的國家領袖，而非具有黨派背景的國家領袖。孫中山之所以能成為國父，是因為他身靠國民黨這棵大樹，國民黨獲得全面執政權後，尊其為國父。這是國民黨意義上的國父，然之後的中華民國，無論誰當選總統，都得在國民黨政綱框架下，承認孫中山為國父。因此說，孫中山這國父，有很多討巧之處。畢竟，他只是國民黨的精神財產，而非全民共有。拿一黨領袖做全國人民的神主，無論如何都說不過去。

言歸正傳。徐州方面的張勳將軍以七省（直、皖、晉、豫及關東三省）盟主的身分（之後的張勳，又做過「十三省區聯合會」盟主），致電中央政府，大意是說：「現在政局新更……南北不可不統一，中央不可不擁護，就是前清皇室，及袁大總統身後一切榮譽及家屬生命財產，均宜請新政府實心優待，不得侮慢。」

袁世凱喪禮，已由政府特派曹汝霖、王揖唐、周自齊領銜承辦。曹汝霖等喪禮專員，恭擬喪禮典則十三條：

（一）各官署軍營軍艦海關下半旗二十七日，出殯日下半旗一日，靈櫬駐在所亦下半旗，至出殯日為止。

（二）文武官吏，停止宴會二十七日。

（三）民間輟樂七日，及國民追悼日，各輟樂一日。

（四）文官左臂纏黑紗二十七日。

（五）武官及兵士，於左臂及刀柄上，纏黑紗二十七日。

（六）官署公文封面紙面，用黑邊，寬約五分，亦二十七日。

（七）官署公文書，蓋用黑色印花二十七日。

（八）官報封面，亦用黑邊二十七日。

（九）自殮奠之後一日起，至釋服日止，在京文武各機關，除公祭外，按日輪班前往行禮；京外大員有來京者，即以到日隨本日輪祭機關前往行禮。

（十）各省及特別行政區域，與駐外使館，自接電日起，擇公共處所，由長官率同僚屬，設案望祭凡七日。

（十一）出殯之日，鳴炮一百零八響，官署民間，均輟樂一日。京師學校，均於是日輟課。

（十二）新華公府置黑邊素紙簽名簿二本，一備外交團簽名用，一備中外官紳簽名用。

（十三）軍隊分班，至新華門舉槍致敬。

典儀頒佈後，中南海懷仁堂，接受黨政軍及社會各界的弔唁。新華門外，二十四名衛兵，一色嶄新草綠軍裝，左臂套黑紗，斜挎盒子炮，手持捷克槍，呈雁翅狀，排列兩側。值日軍官，身著呢子軍裝，足登高靿皮靴，斜挎黑邊黑穗大紅值星帶。每有高官要人的座駕駛入，兩列衛兵齊聲高喊：「立正，敬禮！」陣勢莊重而威嚴。新華門前，更是警備森嚴，林立的幡傘下，荷槍實彈的軍人，三步一崗，五步一哨。

不久，袁世凱治喪委員會先期發佈通告：「本月二十八日，舉行前大總統殯禮，所有執紼及在指定地點恭送人員，業經分別規定辦法，合亟通告，俾便周知。」具體安排如下：

■赴彰德人員

（一）大總統特派承祭官一員。

（二）文武各機關長官及上級軍官佐。

（三）文武各機關派員。

（四）其他送殯人員。

■送至中華門內人員

（一）外交團。

（二）清皇室代表。

■送至車站人員

（一）國務卿、國務員暨其他文武各機關長官。

（二）文武各機關各派簡任以下人員四員。

■在中華門內恭送人員

文武各機關人員，及紳商學各界。附服式：凡執紼官員，均服制服，無制服者，准服燕尾服，均用黑領結黑手套。有勳章大綬者，均佩勳章，帶大綬，左臂暨刀劍柄，均纏黑紗。其餘各文武及紳商，准用甲種大禮服，及軍常服，或乙種禮服，學生制服，均纏黑紗於左臂。

■恭辦喪禮處公務車

（一）前大總統靈櫬奉移大典指揮車、巡迴車若干輛。
（二）喪禮處總理、副總理車。
（三）喪禮處庶務車。
（四）喪禮處禮賓車。
（五）喪禮處財務車。
（六）袁宅帳房車。
（七）北京市員警廳彈壓車。
（八）消防車。
（九）救護車。

治喪期間，社會各界致送誄詞挽聯，達千餘件。或贊其功績，或展望未來。

轉眼已是起靈日。黃土墊道，淨水潑街，移靈儀式，場面極盡奢華與悲壯。袁克定等遵照遺囑，扶柩回籍河南彰德，也就是今天的安陽。

說到這裡，我們把安陽做個簡單的介紹。河南安陽，因殷墟而聞名。距殷墟遺址不遠，便是袁世凱墓園。文革時，毛澤東指示做反面教材，袁世凱墓倖免於難。袁世凱祖籍河南項城，之所以選墓地安陽，源於他曾有遺願：「扶柩回籍，葬我洹上。」商朝名相伊尹，遭人誹謗後，即在洹上村隱居三年。後來，商王親自到洹上村迎他複任。袁世凱為攝政王載灃排擠下野，他效仿伊尹，至洹上村隱居。巧的是，袁世凱亦從這裡複出。袁世凱墓占地一百餘畝，由德國工程師設計，費時兩年，耗銀七十萬餘。墓碑正面鐫刻有徐世昌親筆所題「大總統袁公世凱之墓」九個端楷大字。

回到原題。是日晨，新華宮外已是人山人海。機關團體、人民群眾，數萬人前來送靈。四周數里範圍之內，軍隊荷槍戒嚴。袁世凱靈車，在一片麻衣之中，緩慢而行。段祺瑞、徐世昌、黎元洪、王士珍等要員悉數到場，各國使節、在京文武官員以及各大主流媒體記者，也都前來觀禮。

在哀樂聲中，一群頭戴高筒大禮帽，身穿黑色燕尾大禮服的高級官員，擁簇著黎元洪總統前來，與已故總統袁世凱做最後的告別。但見那黎元洪，身穿天藍色陸海軍大元帥禮服，袖頭袖口用金線繡滿嘉禾，佩著寶星垂金大元帥肩章，胸前掛著耀眼生輝的各式勳章，左臂纏著黑紗，手捧白纓元帥帽。黎元洪來到袁世凱靈柩前，深鞠一躬。袁克定等孝子賢孫，跪地還禮。黎元洪遂乘車而去，起靈正式開始。

袁克定執幡，走在送殯儀仗最前端，袁世凱其餘九子緊隨其後。段祺瑞率全體閣員參加執紼。靈柩啟程時，北京城內外所有廟宇鐘聲齊鳴，氣氛悲壯、肅穆。袁世凱的靈柩從前門西站乘火車去彰德，段祺瑞親自扶柩送上火車。專列啟動時，一百零一響禮炮隆隆轟鳴，送殯人員鞠躬告退。看著緩緩離去的火車，段祺瑞的眼睛濕潤了，他敬重的政壇老人，從此將遠離人們的視野。

河南彰德火車站前，早已搭好一座五十門柱的素彩牌樓，與當年北京前門外的五牌樓相仿。靈棚掛著「彰德各界公祭故袁大總統」橫匾。袁世凱靈柩至，禮炮響起。隨之，一支龐大的送葬隊伍擁簇著一台三十二人抬的巨大靈柩緩緩的從車站走了出來。

袁柩被抬進靈棚內，馬上擺上祭席，由彰德縣官恭讀迎靈祭文，再由文武官吏依次上香、奠酒，由袁克定等孝眷叩首答謝。禮成。繁瑣不可盡述。

長跪不起的政府總理

民國初期，有兩個前後相繼的中央政府，先是北京政府（北方系主導），再是南京政府（南方系主導）。南北政府都有歷史所詬病的地方，限於本書寫作範圍，這裡僅涉獵前者。那麼，北京政府到底有哪些為歷史所詬病的東西呢？粗略說來，有袁世凱時期的「二十一條」，有吳佩孚時期的「二七大罷工」，有段祺瑞時期的「三一八慘案」等等。這些傷痛，均被釘在歷史的恥辱柱上，諸如賣國、鎮壓等等，成為這些事件抹不去的標誌性詞彙。

中國的官方史，一向不容置疑，當事的另一方，也就百口莫辯。我在這裡並非要為民初的政治事件辯護，而意在廓清一些基本事實，使我們的思維更接近原本的民初。這裡僅以「三一八慘案」為例，這是我的學生時期，就從課本上接觸到的，也就是魯迅的那篇《紀念劉和珍君》一文的事件背景。文中那句「真的猛士，敢於直面慘澹的人生，敢於正視淋漓的鮮血……」，不斷出現在語文填空考題中，印象深刻極了。

現在回想起來，那時對於歷史事件，從沒有切膚認識。語文教材的編寫者，把一切歷史條塊化，掐頭去尾，斷章取義。他們只讓學生知道他們想讓你知道的東西，而另一部分也就是不想讓你知道的部分，粗暴的切掉。中國的官方史，永遠是知其一不知其二的糟粕物，所以，學生從不喜歡。他們所需的就是按照教學大綱，死記硬背歷史事件的日期、地點、人物等等。這些功課，不過是應付考試而已。我敢說，中國的絕大多數學生是討厭歷史課的。官方原本希望用這種方式給學生洗腦，可惜方法實在太笨、太卑劣，結果適得其反。這大概是當局所沒想到的。

好了，閒話少敘，我們回到一九二六年三月十八日的政治事件上來。大致說來，學生上街遊行，就一些政治議題，與北京政府展開抗議式對話。因人為操控失誤，政府衛隊開槍阻擊遊行隊伍，造成四十七名示威學生和群眾死亡。這就是「三一八慘案」。慘嗎？當然，四十七人死亡，北京政府縱有一萬個理由，也無法洗脫他們的罪責。換言之，北京政府必須為此負責。

譴責完北京政府，我們就該冷靜下來，理一理這一事件的來龍去脈。事情的起因，最遠可追溯到張作霖與馮玉祥那裡。當時，張作霖親日，馮玉祥親俄。一九二六年三月，這二人正在華北對決。打仗嘛，一切以我軍優先。本著這一思想，馮玉祥在天津大沽口沿岸建炮臺，在水中布水雷。日本、英國、美國、法國、義大利、比利時、西班牙、荷蘭八國不幹了，他們以外國使團的名義集體發聲，指出馮玉祥的軍事部署，違反了《辛丑合約》（一九〇一年，大清國與十一國簽署，民國政府予以認可）。並向北京政府下達最後通牒，要求撤銷相關軍事部署。

一九一九年春夏之交的學潮事件，成為學生參與政治進程的一個基因。那之後的中國大學生，常常以愛國的名義，遊走於政治的邊緣，乃至成為某個事件的中心。一九一九年的學潮如此，一九二六年的學潮亦如此。我們用什麼來形容這些學生呢？在巴金的小說《家》中，有這麼一段文字：

> 這些刊物裡面一個一個的字像火星一樣地點燃了他們弟兄的熱情。那些新奇的議論和熱烈的文字帶著一種不可抗拒的力量壓倒了他們三個人，使他們並不經過長期的思索就信服了。

這種盲從，在俞平伯《五四憶往》一文裡，亦得到體現與印證：

那時我才二十歲，還是個小孩子，對於這偉大、具有深長意義的青年運動，雖然也碰著一點點邊緣，當時的認識卻非常幼稚，且幾乎沒有認識，不過模糊地憧憬著光明，嚮往著民主而已。

……

上述巴金所說的「這些刊物」，是指《新青年》、《新潮》、《每週評論》等。「他們兄弟」指高覺新、高覺民、高覺慧。

祖父道：「你天天不在家，到什麼學生聯合會去開會。……剛才陳姨太告訴我，說有人看見你在街上散什麼傳單。……本來學生就太囂張了，太胡鬧了，今天要檢查日貨，明天又捉商人遊街，簡直目無法紀。你為什麼也跟著他們胡鬧？」（巴金著《家》）

上述兩段文字中，「不經過長期的思索就信服了」與「本來學生就太囂張了，太胡鬧了，今天要檢查日貨，明天又捉商人遊街」，使我們知道，學生單純的思想與魯莽的行動是一致的。這樣的年輕人，一九一九年可以到北京街頭表達想法，一九二六年八國的最後通牒都來了，他們又有什麼理由不上街抗議？更何況，蘇共是這一行動的策劃者。

三月十八日上午，五千多名學生，在蘇共政治團體的鼓動下，遊行至天安門，舉行所謂的「反對八國最後通牒國民大會」。二十一世紀之初的阿拉伯之春，亦即所謂的顏色革命，我們常常從中國的媒體上看到，說哪次顏色革命有美國人的影子云云。在二十世紀之初的中國，學潮也罷，恐怖襲擊也罷，處處可見蘇俄人的影子。這世界，真是此一時也，彼一時也。原以為風水輪流轉，這政治影響同樣會輪著轉。中國的政治體制，至今都是蘇俄式的，經濟體制、軍事體制，也大體與其相仿。從二十世紀之初到二十一世紀之初，蘇俄影響中國整整一百年了，至今不僅沒有衰退，且蘇俄之風正強勁。

那些新奇的議論和熱烈的文字，使他們並不經過長期的思索就信服了。（魏得勝製圖）

回到原題。學生的遊行隊伍，行進至鐵獅子胡同，這裡是北京政府所在地（時稱臨時執政府）。八國最後通牒，說明北京政府無能。學生就認這個理兒，你政府不回擊，就是腐敗政府、無能政府，走，進去跟領導人評評理去。去便去吧，學生們，彬彬有禮，這是題中應有之意。可不知為什麼，遊行的學生，竟然手持削尖的棍棒，夾雜暴力口號，衝擊中央政府。這便有暴力、恐襲的意味在裡面了。

手持削尖的棍棒與高喊暴力口號，這兩個至為關鍵的歷史細節，被中國的官方史給閹割了。學生們的這些極端行為，明顯帶有蘇俄暴力革命的模式。你帶著兇器來表達政治主張，就失去了學生的身分，進而演變為恐怖分子（北京政府曾稱這些學生為暴徒）。你是手無寸鐵、手無縛雞之力的學生，政府衛隊向你們開槍，那就是屠夫行為；你持兇器衝擊衛隊，衛隊便不能再把你等當手無寸鐵的學生待。這叫做非對稱擦槍走火，以四十七人付出生命代價告終。

血案發生後，世界為之震驚，中國為之震驚，中國的媒體，連篇累牘，報導分析此事。當事一方的學生團體首先發話，他們說攜帶削尖的棍棒，是出於自衛。這說明一個事實，學生遊行攜帶兇器是一個確鑿的事實。更有力的一個佐證，來自李大釗的兒子李葆華，他在《回憶父親李大釗的一些革命活動》一文中說：

（遊行之前）我們特意做了準備，每人做遊行示威的小旗時，都挑選了較粗的棍子當

「旗杆」，用以自衛。

北京政府當時的一份《臨時執政令》中，亦有相關載述：

（遊行者）闖襲國務院，潑灌火油，抛擲炸彈，手持木棍，叢擊軍警，各軍警因正當防衛，以致互有死傷……

北京地方檢察廳的取證記錄顯示，衛隊共從學生手中繳獲旗杆九十根，每根長約三四尺，上端有紙旗的粘痕。人民出版社《三一八運動資料》之《京師地方檢察廳關於三月十八日慘案致陸軍部之函文》，載述客觀詳實。《三一八運動資料》中，更是收錄了多人的現場目擊證言：

遊行的隊伍有兩千人……拿木棍的並不多，而且都是學生，不過十餘人……木棍約三尺長，一端削尖了，上貼書有口號的紙，做成旗幟的樣子……後來據一個受傷的（學生）說，他看見有一部分（參加遊行示威）的人，有些是拿著木棍的，想要衝進臨時執政府

裡面去，這事我想來，應該也是有的，但是，這絕不是衛隊開槍的理由，頂多只是衛隊開槍的藉口……（署名：自清）

……這時，我看見群眾中有些人，拿著很粗的木棍，上面播著旗幟……衛隊說：段祺瑞不在。六群眾很憤慨，齊行上前，企圖湧進（執政府）大門，便在此時，如狼似虎的（執政府）衛士開槍了……」（署名：于成澤）

……我一進執政府大門，就拼命向前擠……忽然聽到群眾高喊：打進去！這時又聽見衛隊長叫：準備！……只聽到槍聲、子彈聲、叫喊聲……（署名：現場學生）

李星華更證實，當天遊行的隊伍，竟組織了所謂的敢死隊。李星華在《回憶我的父親李大釗》中，轉述其父李大釗的話說：

為了提防軍警動武，許多人將自己的紅綠小旗糊在一根粗粗的棍子上……走在隊伍最前面的，是右臂上戴著白箍黑字的敢死隊……

當年的衛隊軍械員邱霖的證言：

……當學生湧向臨時執政府的時候，學生拿著帶鐵頭的木棒、毆打（執政府衛隊）士兵的頭，罵士兵是衛隊狗、軍閥走狗。當時，士兵被迫後退，當學生快要衝進執政府時，衛隊指揮官王子江說：開槍吧。他本來的意思是：鳴槍示警。不料，士兵誤解了、紛紛朝學生平射……（參見《文史資料選輯》第三輯）

血案發生後，段祺瑞在《臨時執政令》中說：

近年以來，徐謙、李大釗、李煜瀛、易培基、顧兆熊等假借共產學說，嘯聚群眾，屢肇事端，本日由徐謙以共產黨執行委員名義散步傳單，率領暴徒數百人，闖襲國務院，潑灌火油，拋擲炸彈，手持木棍叢擊軍警，各軍警因正當防衛，以致互有死傷，似此聚眾擾亂危害國家，實屬目無法紀，殊堪痛恨，查該暴徒等潛赴各省區迭有陰謀發現，國家秩序岌岌可危，此次變亂除由京師軍警竭力防禦外，各省區事同一律，應由該各省長官飭所屬嚴重查究，以杜亂源而安地方，徐謙等著京外一體嚴拿，盡法懲辦，以儆效尤，切切此令……

無論處於何種原因，釀成血案都是要譴責的。北京政府是這一血案的製造者，這個政府管轄權下的檢查系統，很快介入調查，證詞來自不同的方向，基本保持了司法的獨立性。被後來的官方史描述為萬惡的舊社會的民初，竟然有司法獨立，真不可思議。

更不可思議的是那個時代的言論自由。三一八慘案發生後，中國媒體奮起譴責北京政府。如《語絲》、《國民新報》、《世界日報》、《清華週刊》、《晨報》、《現代評論》等，大篇幅地連續地發表消息和評論。尤其邵飄萍主持的《京報》，其新聞版面與副刊，在短短半個月的時間內，發表相關文章數百篇。民初的媒體，揭中央政府的臭蓋子，譴責政府的暴行，這在今天又是怎麼可以想像的呢？民初為什麼可以做到基本的言論自由？因為那是一個憲政時代。

媒體之外，北京各高校校長、教授，紛紛譴責北京政府的暴行。時任北大校長的傅斯年見到對慘案負有直接責任的鹿鐘麟說：「從前我們是朋友，可是現在我們是仇敵。學生就像我的孩子，你殺害了他們，我還能沉默嗎？」

高校之外，又有北京各界人士、各社會團體、各學校，於三一八慘案五天後，齊聚北京大學大操場，為亡靈舉行萬人公祭大會。北大代校長蔣夢麟在會上沉痛地說：「我任校長，使人家子弟，社會國家之人才，同學之朋友，如此犧牲，而又無法避免與挽救，此心誠不知如何悲痛。」他說到這裡竟潸然涕下，引得全場學生相向而泣，門外皆聞悲哭聲。

即便看似不中用的國會，亦挺身而出，召集非常會議，通過決議，要求嚴懲慘案製造者。北京地方檢察廳對慘案調查取證，給出的結論，同樣劍指北京政府：「此次集會請願宗旨尚屬正當，又無不正當侵害之行為，而衛隊官兵遽行槍擊死傷多人，實有觸犯刑律第三百十一條之重大嫌疑。」為尋求真相與正義，各界仁人志士，無不挺身而出，這是一個多麼有希望的時代呀！

就中國而言，就漢人而言，這樣一個時代，足以配得上偉大！以政府總理段祺瑞的角度，當他得知衛隊開槍打死學生後，頓足長歎：「一世清名，毀於一旦！」隨即趕到現場，面對死者長跪不起。

民怨沸騰之際，段祺瑞沒有出動軍隊維穩，沒有動用暴君手段封殺媒體。相反，他在國會通過「首犯應聽候國民處分」決議之後，處罰了兇手；又按國會要求對死難者家屬進行撫恤；為負責起見，段內閣於當年四月辭職謝罪。

段祺瑞得知衛隊開槍打死學生後，頓足長歎：「一世清名，毀於一旦！」隨即趕到現場，面對死者長跪不起。（魏得勝製圖）

一個人人皆知的故事是，段祺瑞為表示真誠的懺悔，他從此素食終生。一九三六年，段祺瑞病痛不斷，身體虛弱，醫生建議他吃點肉以增強體質，他說：「人可死，葷絕不能開。」以示信守承諾。他果然說到做到。

抗日戰爭時期，殷海光先生就讀西南聯大，他常常一個人在翠湖邊思考，下雪了，一個人站在曠野裡，任由雪花飄落在赤裸的脊背上……殷先生對西南聯大一往情深，回憶說，那時：「我們剛從北平搬到昆明，上一代的文化和精神遺產還沒有受到損傷，戰爭也沒有傷到人的元氣。人與人之間交流著一種精神和情感，叫人非常舒服。」我想，殷先生所提到的上一代的文化和精神遺產，大概就指民初的憲政思想與人文精神。

民初不管社會如何動盪，不管外患如何深重，整個人文空間卻生機勃勃。

司徒雷登尤難別

最後，我們再來說說民初的司徒雷登。作為民初人文精神的組成部分，這個美國人不可或缺。一九一九年春，司徒雷登著手在幾所鬆散的教會大學基礎上，創立一所完整意義上的大學，並將其命名為燕京大學。在內戰頻仍的國土上尋找校址，成為一項極其艱難的工作。司徒雷登在回憶錄中寫道：

我們靠步行，或騎毛驢，或騎自行車，轉遍北京四郊，也未能找到一塊適宜的地產。一天，我應朋友之約，到訪清華大學，在那裡，一位朋友問道：「你們怎麼不買我們對面那塊地呢？」朋友所指的那塊地，坐落在通往頤和園的公路幹線上，離城五公里，交通便利，頗具吸引力。

後來，司徒雷登得知，那塊地的產權，歸陝西督軍陳樹藩所有。司徒雷登儘管不知會有怎樣的結果，但他仍遠赴西安，與陳交涉。在中國人看來，司徒雷登的行動令人費解。你司徒雷登是辦學的，而人家陳樹藩是高官；在中國這樣一個傳統社會，辦學的找上門，買高官家的地塊，大有犯上之嫌。這樣的事，在赤區是絕對不會發生的；如若發生，上門者的行為，直接就是找死的節奏。民初的官，血管裡大都還流淌著人的血，凡事都有個商量，有個節制。所以，司徒雷登到了西安，獲得意外收穫。

陳樹藩在他的官邸，熱情接待了司徒雷登，並為其精神所感動，說：「一個外國人，為了中國的孩子有書讀，不辭辛勞，奔波辦學，樹藩沒有理由不支持。」遂以六萬大洋的超低價格，把那塊地讓了出來，且捐出六萬大洋中的兩萬，作為燕京大學的獎學金。受其影響，孫傳芳後來亦捐助燕京大學兩萬銀元。數萬大洋，遠遠不能滿足辦學需要，司徒雷登在任燕京大學校長的二十七年裡，往返美國十多次，共為燕京大學籌集辦學經費二百五十萬美元。而司徒雷登自己，卻一生簡樸，了無積蓄。

司徒雷登在辦學之外，展現了他非凡的社會活動能力。他找陳樹藩購地是其一，爭取到美國鋁業大王近兩百萬美元的巨額遺產捐款是其二，利用巨額捐款說服哈佛大學與燕京大學合作是其三。一九二八年成立的哈佛燕京學社、哈佛燕京圖書館在美國的相關機構，運作至今；對應的中國相關機構，自一九五二年關停至今。這是永不可恢復的學術機構，因為當局忌憚西方文化的傳輸。即便到了二十一世紀，華東政法大學校長何勤華先生仍遇到相關困惑，二〇一七年，他在一條微博中說：「最近出現的各種事件，讓我們從事外國法制史教學與研究的老師們倍感壓抑與憤怒。有些大學的圖書館，凡是帶有西方字樣的書和雜誌，全部停止向學生出借，說要先清理審核一遍；有的部門，還突擊抽查我們外國法制史教學中的章節，懷疑我們在講課中是否過分贊賞、宣揚西方古典的民主制度。」不僅如此，當局連二〇一七年的聖誕節，也嚴令禁止了。這且未了。二〇一八年二月二十七日，我從「政治部戰友」群中獲悉一個更加令人沮喪的消息（貼子未署名）：

我應中山大學羅俊校長（原華工副校長）之邀出席中山大學二〇一七年畢業典禮，聽到許多令人不安的消息。譬如：教師十不准的戒令貼在每間教室的後牆上，老師抬頭就能看到；監控的錄像頭就對著講課的老師；一些課程如《新聞專業主義》、《當代新聞史》等被要求停開。為加強馬克思主義新聞觀教育，特別安排從哲學系調來專職老師上這個必修課……讓老師們更為不安的是，有關組織部門通過黨委、團委系統培養學生積極分子來監督老師的言行，隨時可以舉報。這就讓師生關係變得微妙起來，缺乏互信，人人自危，缺乏安全感。

劉道玉校長轉我一條內容：大學課堂里設「便衣巡視員」，是對教師職業的終極侮辱。你可以不提高大學教師的工資待遇，也可以逼著大學教師發文章、評職稱、爭課題，但無論如何，你不能像特務一樣監控他們在講台上說了些什麼。實在無法想像，在這樣的教育體制下，如何能建成所謂的「世界一流大學」。

這在民國，這在司徒雷登時代，完全不能想像！

司徒雷登的辦學理念，秉承「因真理得自由而服務」的校訓，以思想自由、學術自由為其核心。在司徒雷登努力下，僅十多年，燕京大學便成為近代中國規模最大、品質最高、環境最優的高等學府，並躋身世界名校之列。燕園內也由此而名師雲集，如國文系的顧隨、容庚、郭紹虞、俞平伯、周作人、鄭振鐸等人，歷史系的錢穆、陳垣、鄧文如、顧頡剛等人，哲學系的洪謙、馮友蘭、張東蓀等人。冰心筆下的司徒雷登校長是這樣的：

你添了一個孩子，害一場病，過一次生日，死一個親人，第一封短簡是他寄的，第一盆鮮花是他送的，第一個歡迎微笑，第一句真摯的慰語，都是從他而來的。

一九六二年，八十六歲高齡的司徒雷登去世。去世前，老人有個遺願：將他的骨灰送回中國，安葬在燕京大學校園內。然而，司徒雷登校長的遺願，或因毛澤東那篇《別了，司徒雷登》，將永遠無法實現。司徒雷登的肉體或可一別，司徒雷登的骨灰或可一別，但他的自由精神，卻難永訣。

第五章
民國的黃金時代

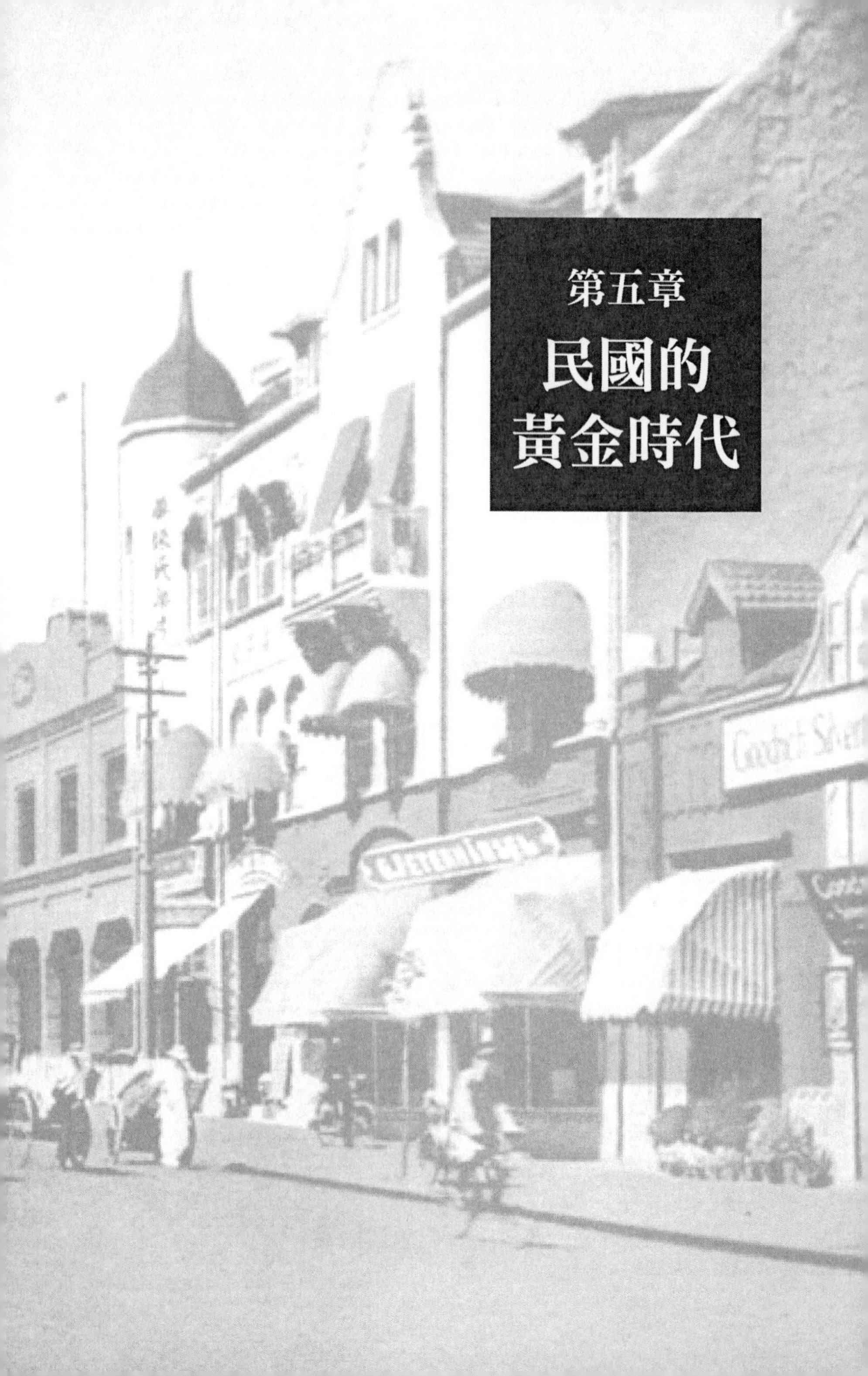

說黨魁不說的話，你挑戰黨的權威，挑戰黨的核心；說黨魁不想聽的話，這直接被視為挑戰黨的領導、顛覆國家政權。這麼做的人，哪怕是書生論劍，也得去下地獄。這就是專制的可怕！（魏得勝製圖）。

美國藍

每每談及政治制度，我便心有餘悸。我知道，這是洗腦後遺症所致。當然了，中國的政治環境，也不允許黨外人士，談及政治制度問題。就是黨內的人，也不是誰都可以說的，黨章確立的東西也不能做為永久的標準，關鍵要看當下的執政者，他想什麼？他需要什麼？他想做什麼？這才是標準。看不見，摸不著，只能意會，不可言傳。專制政治就這樣，一切充滿神祕感、夢幻感、飄移感。黨的一把手之外的人，只能附和，不能有絲毫創新，哪怕是附和式創新，也被認為是與領導人爭奪人民群眾。一把手思想點以外的東西，無論誰說的，都將被視為挑戰黨的權威——很顯然，誰代表黨，誰就是那個權威。這人是誰呀？他就是黨魁。說黨魁不說的話，你挑戰黨的權威，挑戰黨的核心；說黨魁不想聽的話如討論政治制度問題，那麻煩就更大了，這直接被視為挑戰黨的領導、顛覆國家政權。這麼做的人，哪怕是書生論劍，也得去下地獄。這就是專制的可怕！但在清末民初，帝國的高層，民國的精英，可以打開思維，去談論他們想談論的一切政治話題，包括政治制度。慈禧頒佈詔令，說年滿十八歲的大清人民，只要沒有精神疾病，都可以辦報。報紙就是政治存在的重要形式，你都可以辦報了，還不能談論國家政治嗎？那是慈禧時代。後來的袁世凱，他的出山條件之一就是開放黨禁，就是允許人民自由組黨。一個人或一群人都能自由組黨了，還不能辦報嗎？從慈禧到袁世凱，都允許人民參與國家的政治進程，人民組黨，人民辦報，赦你無罪。今天呢？我是說二〇一七年的這個今天？距離清末民初都一百年了，人民有權組黨嗎？人民有權辦報嗎？劉曉波弄了個《零八憲章》，不是被丟到監獄裡去了嗎？至今也沒出來。瑞典那邊還頒給他一個諾貝爾和平獎，不也沒能救他出來嗎？所以，在中國談論政治制度，是件極其危險的事。所以，我們只敢回到一百年前的清末民初，去談論那時的政治制度。

清末就不說了，搞君主立憲制（即現代民主政治），攝政王載灃槍擊立憲派袁世凱，沒能阻止政治文明的腳步，倒是那時的激進分子以及叛軍，輕鬆把君主立憲的進程給阻斷。他們還算好呀，沒有君主立憲制的路，另闢蹊徑，去了共和之路。這是那時漢人的把持，大的問題上，還有個度。君主立憲制與共和制，都屬於現代政治文明。換句話說，激進分子也好，叛軍也好，並沒有推翻舊專制而建立新專制的政治意圖。至於孫中山要求他的黨徒效忠自己，那是他們黨的家務事，並非國家層面的問題。

好了，共和就共和吧。那也得有個範本吧。君主立憲制，中國向無；共和制，中國向無。西方共和很多，取誰的藍本呢？激進分子與叛軍協商，取美國的政治藍本。後來的袁世凱，更是這一藍本的積極推動者。本書的敘述，我們就把美國制度，簡稱為美國藍。

何謂美國藍呢？其核心內容就是三權分立，即立法、司法、行政，互不統屬。清末時，全國共二十二省。武昌兵變之後，一個月前後，竟有十七省宣佈獨立。這種獨立，並非要成立一個實體國家，而是用作政治壓力，迫使當局坐下來，與各省商討國家的未來。武昌兵變後的政治格局，實際變為清室當局與武昌叛軍當局。清室當仁不讓，你既然兵變，我就武力鎮壓；你既然獨立，我就武力討伐。說的簡單，病入膏肓的清政府，哪有這力量，一切不過雷聲大雨點小罷了。各獨立省這個時候真正在乎的是武昌方面的叛軍，既然你們舉旗造反、挑頭獨立，那未來就看你們的了。武昌方面不負眾望，由叛軍推舉的首領黎元洪，通電各省，派代表到武昌，商討組建臨時政府事宜。上海方面的陳其美則通電各省，要求各獨立省派代表到上海開會。陳其美希望建立一個永久性的民國政府，來代替清帝國政府。通電指出，這個將來的民國政府，其組織形式和原則，希望以美國制度為藍本。

武昌雖為兵變策源地，但就交通、就國際影響力而言，自然不能與上海比。所以，陳其美的通電一出，武昌方面及各獨立省，無不贊成。不日，各獨立省代表齊聚上海，舉行第一次代表會議，擬訂臨時政府組織法，以及相關的法令和規章。大會給出的會議名稱曰：各省都督府代表聯合會。第一章我們已說過，將這個會議命名為上海會議。

一七八七年，北美大陸十三個獨立國家（中國人更喜歡將其描述為十三個州）的五十多個代表在費城召開制憲會議時，把地名命名為會議名稱，曰：費城會議。很顯然，費城會議遠勝於上海會議。原因就在於，費城會議造就了美國的光榮史，也造就了今天蓋世無雙的美國。

讓我們的神思從民國走開一會兒，去趟美國。說到費城會議，說它重要，是因為美國十三個州的代表在那裡制定了美國憲法。這個憲法運轉至今，兩百多年，除了不斷強大美國外，幾無瑕疵。憲政體制決定論也許過於偏激，但美國憲法也的確給美國人帶來好運。黃仁宇先生就此得出一個結論，他說：

相較於英國三百多年不打內戰，美國立國兩百多年隻打了一次內戰，中國自西元前二十六世紀神農時代，到西元一九一一年清王朝滅亡，在大約四千五百年的漫長歲月中，有文字記載的戰爭共三千七百九十一次。從一九一二年至今的一百多年時間裡，中國也經歷了許許多多的戰爭，特別是很多本應該避免的類似「文革」那樣長時間的內戰。之所以有這麼多內戰，重要原因之一就是國內一直沒有建立起行之有效的憲政體制和法律秩序。

漢人決心走出內戰的惡性循環，民初的精英，從鄒容到陳其美，從陳其美到孫中山，從孫中山到袁世凱，從袁世凱到蔣經國，他們的身上，都不同程度的有著美國藍色調。在中國，最早提出美國藍的，是激進青年鄒容，他在《革命軍》一書中，主張中國全盤美國化。這只是一種理論，一種呼籲。而陳其美將這一政治主張付諸行動。陳其美在當時的會議要求是，各獨立省出兩名代表，一者為都督府（省政府）代表，一者為諮議局代表。

說到諮議局，我們必須做個解釋。一九〇五年，清政府宣佈實行預備立憲，仿歐美立憲制，在帝國及各省層面，設立諮議局，就帝國及各省的預算、決算、稅法、公債等，進行討論，並對政府實施監督。四年後，除新疆外，全國二十一個行政省，均成立了這一準立法機構。議員由選舉產生。

回到原題。上海會議期間，各代表議決，將「各省都督府代表聯合會」轉化為立法機構，將各省前來開會的兩名代表，轉化為議員。各省的投票權，暫定為兩票。

一九一一年的上海會議，對於中國人來說，意義遠遠大於武昌兵變。雖是拿來的藍本，但這必定確立了中國的未來之路。中華民國一百多年，雖有反復、雖有波折，但基本沒有背離上海會議這一藍本，我們可以榮耀地將其稱之為中國藍。但後來的歷史書寫者，皆把重點放在了那場兵變上，大約血腥味讓嗜血者更能提神吧；抑或說，一些執政者，一聽到費城會議、上海會議、三權分立、西方制度這類詞，就神經敏感，因此不願啟蒙民眾，不願啟迪民智，那也無非為了一黨獨大、一人獨裁、一統天下。

上海會議不僅具有立法權，還被賦予代表人民選舉國家元首的權利。雖說立法機構在上海誕生，但那時的軍事重心與先前成立的革命軍政府，畢竟還在武昌；反政府武裝中的頭號戰將黃興，此時正在漢陽前線督戰。鑒於此，漢方代表要求，把會址移往武昌。最後達成一個議案，各省兩位代表，其一去武昌，其一留上海。

當上海代表乘輪船去武昌時，正值政府軍反攻，武昌告急。雪上加霜的是，湖北方面的反政府軍領導人之間，齟齬不斷。黃興因孫武通電詆毀，而憤然離鄂去滬。各省代表抵達武昌時，卻連個安全的會議場所都找不到。諷刺的是，反政府組織的議會，卻不得不到漢口英租界尋找會議地址，並選出他們的議長，他就是湖南代表譚人鳳。我們且稱這個立法機構為漢口會議。

漢口會議完成兩相使命，其一確認當時設在武昌的鄂軍軍政府為中央政府；其二制定中國的首部憲法，即《中華民國臨時政府組織大綱》（《中華民國臨時約法》前身）。民國憲法，是民國精神的核心；未來一切政治爭鬥，無不圍繞這個憲法展開。中華民國憲法就是一個同心圓，所有的政治人物、軍事強人，都圍著這部憲法轉。打擊任何政敵，依託的也是這部憲法。這就是民國精神，沒有誰可以明目張膽的聲言不遵從這部憲法。

漢口會議完成上述使命後，開始入手政府元首的遴選。這時，江浙方面的反政府軍傳來消息，他們已攻克南京。反政府議會機構駐地，分為上海會議與漢口會議，這讓大家頗為為難。如今有了第三選擇，誰都不得罪，那就集中到南京去好了。在上海與漢口之間，很快取得一致，決定到南京組織中央政府，選舉總統，是以澈底推翻清政府。滬、漢兩地議員，遂又齊聚南京。反政府武裝方面，終於有了自己的政治首都——南京；終於確定具有廣泛代表性的正式國號——中華民國；終於有了自己的國家元首——孫中山。孫中山政府，基本也是美國藍，實行總統制，設各部部長。過了三天，再選舉副總統，黎元洪當選。孫中山內閣如下（括弧內為當時的年齡）：

總統孫中山（四十六）；副總統黎元洪（四十八）；秘書長胡漢民（三十三）；陸軍總長黃興（三十八）、次長蔣作賓（二十八）；海軍總長黃鍾瑛、次長湯薌銘（二十五）；外交總長王寵惠（三十一）、次長魏宸組（二十七）；內務總長程德全（五十二）、次長居正（三十六）；財政總長陳錦濤（四十二）、次長王鴻猷（三十四）；司法總長伍廷芳（七十）、次長呂志伊（三十一）；教育總長蔡元培（四十四）、次長景耀月（二十九）；實業總長張謇（五十九）、次長馬和（三十二）；交通總長湯壽潛（五十五）、次長于伯循（三十三）；樞密院顧問章炳麟（四十三）；法制局局長宋教仁（三十）。

中華民國的首屆內閣，令人印象深刻：平均三十九歲。三十歲線占九人；二十歲線占四人；唯一老人家，是司法總長伍廷芳，七十歲；最小的是海軍次長湯薌銘，年僅二十五歲。上列次長名單可見，除湯薌銘一人之外，基本都是年齡在三十上下的同盟會青年骨幹。因此，又可以說，中華民國首屆內閣為同盟會班底。

行政機關業已組成，各獨立省選出三人為議員，組建臨時參議院，作為中華民國的立法機關。首屆議會，不辭勞頓，二十多天，即制定幾十種法律法規。其重頭戲是，在《臨時政府組織大綱》的基礎上，改訂為中華民國憲法，即《中華民國臨時約法》。

由美國藍到中國藍，說明漢人擁抱文明的決心與意志，勢不可擋。

國家的基礎

這一部分，讀起來並不能令人生發興趣，但這卻是現代國家必不可少的一部分。運行兩千多年的中國帝制，由此走向文明，走向現代。下面，我們分別來說。

【立法機構的建立】

中華民國的首屆正式國會由參眾兩院組成，其中參議員由各省區按配額進行選舉（省議會各選十名，特別配額為蒙古二十七名，西藏十名，青海三名，中央學會八名，華僑選舉會六名），計選舉二百七十四名；眾議員由各省區按人口比例選出，其中每八十萬人口選出眾議員一名，惟不滿八百萬人口的行政省亦選舉十名。照此比例，全國共選舉眾議院議員五百九十六人。

一九一二年底至一九一三年春，各省區選舉揭曉。各省區議會實際選舉出的人數，略少於配額，參議院為二百六十四名，眾議院為五百五十六名，參眾兩院議員共計八百二十人，符合國會運行的法定人數。

儘管這次大選存在諸多問題，諸如假報選民、製造偽票、賄選醜聞、搗毀票箱等等，但中華民國首屆正式國會的選舉，無疑是漢人走向文明、中國走向文明的重大標誌。在這次大選中，國民黨成為國會裡的多數黨，其在參眾兩院共占三百九十二席。

《國會組織法》規定，參議員任期六年，每二年改選三分之一；眾議員任期三年。兩院議員的職權：建議權、質問權、查辦官吏納賄違法權、答覆政府的諮詢、受理人民的請願等。預算決策，及議定憲法，概由兩院共同完成。兩院議員，須各有過半數出席，方可開會，議案須過半數票，方可通過。這只是《國會組織法》的一個大概。

參議員由省議會選出，眾議員由選民選出。民初，只有民國國籍的男性（年滿二十一歲及其以上）具有選舉權，獲得這一資格，還須滿足四項條件：（一）年納稅兩元以上；（二）擁有價值五百元以上的不動產（蒙、藏、青海可以動產計算）；（三）有小學及其以上畢業證；（四）與小學畢業證及其以上同等資格。被選舉人亦屬民國國籍的男性，須年滿二十五歲以上，蒙、藏、青海更須通曉漢語。若適罹刑法褫奪公權，及宣告破產，並有精神病，吸食鴉片等，均不得有選舉權及被選舉權。現役軍人、預備役軍人、行政司法及巡警，或僧或道，均無選舉權及被選舉權。負責選舉的工作人員，於選舉區內，無被選舉權。每屆選舉，無論初選複選，各設大選觀察員及監督員。

【司法體系的建立】

法院系統分為四級三審制，大理院為法院最高機關，下為高等審判廳、地方審判廳、初級審判廳。由初級審判廳起訴，不服判決，可上訴至地方廳；地方廳的判決，再或不服，可上訴至高等廳；高等廳判決，為終審判決，不得再訴至大理院。訴訟分刑事與民事二種。

自一九一三年十月中華民國正式成立至一九一四年底，袁世凱政府儼然進入一個法治時代。在短短的一年多的時間裡，先後有上百項法律、法規和則例出臺。這些法律法規的重點，鎖定在規範政府行為以及鼓勵實業發展方面。換句話說，政府是有限政府，實業是無限實業。如袁政府頒佈的《公司保息條例》，以三年保息的方式，對私企進行優惠。此後，袁政府又不斷頒佈各項工商條例，為企業提供行之有效的法律保障。

即便是袁世凱解散國會，以參政院取代立法機構之初，僅半年多的時間，袁政府便頒佈了幾十種新的法律法規，其中有相當一部分是用來限制政府行為的，如《審計法案》、《審計官懲戒法》、《司法官懲戒法》、《違警罰法》；再如建立幹部考試、考核和教育制度，試其成績好壞，決定幹部的去留。而對辦事拖遝、敷衍了事、道德敗壞、貪汙腐化者，一律革職，永不敘用。除外，還有如《會計法案》、《嗎啡治罪條例追認案》、《出版法》、《著作權法》、《證券交易所法案》、《土地收用法》、《民業鐵路法》、《修正中國銀行則例》，以至生態保護、國籍管理、貿易、治安、鐵路交通、稅收等等，涉及廣泛。民初的法治環境，可謂生機勃勃。

【行政體系的建立】

民初的近二十年間，動盪歸動盪，派系歸派系，內鬥歸內鬥，外患歸外患，但卻一直設有兩院制或一院制的國會。這期間，中華民國先後共組成五屆國會；頒佈或修訂七部憲法；曾十易國家元首（包括總統、臨時總統、代總統、臨時執政、大元帥等名稱），元首均依法民選產生（雖有諸多問題，但瑕不掩瑜），而其內閣總理更迭達四十二屆五十九人次，組閣與倒閣，可謂家常便飯。這說明，打江山坐江山式的野蠻政治傳統，已遠離民初，已遠離袁世凱時代及後袁世凱時代。這是中國政治史上最為清明的一個時代，政治強人出奇之多，卻人人具有節制的美德。一個沒有強權、沒有獨裁、沒有一黨專制的時代，無疑是偉大的時代。

【金融體系的建立】

袁政府中令，中國銀行與交通銀行，具有國家銀行性質。在其推動下，中國現代化銀行在二十世紀初大量湧現。同期頒佈的《中國銀行則例》三十條，以法律的形式規定了中國銀行將移植西方銀行管理模式為股份有限公司，將其所有權與經營權分離，採取總經理負責制。除國家銀行和省級銀行外，私人銀行迅速興起，時達一百八十家，均採取西方經營模式。

北京政府允許並提倡國家銀行和私人銀行並存與競爭；中國銀行與外國銀行並存與競爭（英、美、日、法、俄等大國銀行在中國近五十家）；中國傳統的典當、票號、錢莊與新式銀行的並存與競爭。

北京政府的幣制改革（袁頭幣是極其成功的一個案例），得到金融界與商民的積極擁抱；山西票號的聞名遐邇，得益於北京政府開放的金融政策。資本主義中國，在民初堪稱黃金時代。

【教育體系的建立】

袁政府成立後，將舊有的勸學所，改名為民國教育局，逐步建立起官辦、私辦和教會為主體的教育體系，並對新式學堂實行監督管理。

一九一七年的官方統計顯示，全國高校已有八十四所，各類專業學校包括農、工、醫、稅務、鹽務、法政、工商、化工、美術、路礦、體育、紡織、外語、鐵路、師範等共四百七十五所，另有二十餘所教會大學。一九一二年全國有小學、幼稚園八萬餘所，一九二三年發展到近十八萬所。十餘年間增加一倍多。一九一六年全國大中小學在校生近四百萬，他們是袁政府培養出來的知識份子新群體，是積極接受、吸收、傳播西方文化的新型知識層。一九一六年的調查顯示，海歸留學生在政界一千餘人，學界百餘人，醫界二十多人，軍界五十多人。當年的海歸派，僅在袁政府各部就多達九百三十人。

這個時期的中國教育，最為顯著的一個特點是西化。西方的各種學術觀念、思想流派大量湧入，教育西化成為一種時尚和潮流。當時活躍於中國教育界的主要人物，大多為海歸派（主要自美國歸來），官方或民間的教育團體，受其影響，一批又一批地組團到美國考察教育。因此，美式教育理論，特別是杜威的實用主義教育思想和理論，很快在中國得以傳播。實用教育主張教育即生長，學校即社會。尤其主張教育不受政治干涉。實用教育提倡民主主義，人人平等。這一環境下的人走向社會，必然會減少社會的紛爭與摩擦。

一九一九年，全國教育聯合會第五屆年會，通過一個基本教義，即：養成健全人格、發展共和精神。三年後，徐世昌總統又提出教育改革七標準，其中的兩項最為引人注目：發揮平民教育與謀個性之發展。從教育聯合會，到國家元首，對於民主精神從學生抓起，可謂不遺餘力。

【文化體系的建立】

袁政府的西化政策，使得西方文化如潮水般湧入中國，各種新文化機構紛紛成立，一時報紙風起雲湧，蔚為大觀。社團有海鳴學社、中華基督青年會、新劇同志會、中華工程師、中國科學社、地質研究所、中央觀象臺氣象科、體育研究會、中華醫學會、新聞研究會、圖書館協會等等。袁世凱時代的西化熱潮，超過中國任何歷史時期。

袁總統頒佈的《報紙條例》及《出版法》，把中國新聞事業一步推向現代，五百多種報紙競相出版。在民初，雖有政府與媒體的衝突，但均有法可依。那時的新聞媒體，盡可指斥權貴，包括總統本人。袁世凱去世後，黎元洪政府內務部明令通知各省區，將《少年中國晨報》、《黨民日報》等二十一家報刊解禁。一些新創辦的報紙也乘機出版。

徐世昌政府時期，進一步放寬對新聞出版事業的限制，使報刊出版再度繁榮。據統計，一九二一年全國共有報刊一千一百三十四種，其中日報五百餘種。到一九二七年，日報發行到六百餘種，外文報紙五十餘種。不僅報紙種數增加，而且原有報紙的規模也擴大了。《申報》一九一二年發行量僅七千份，一九二二年增加到五萬份，一九二八年更是達到十四萬份。《新聞報》一九一八年發行五萬份，一九二〇年增加到十五萬份。期刊數量，僅一九一九年和一九二〇年兩年新創辦的雜誌近百種，一九二一年全國共有各類期刊近六百種。

從一九一九年到一九二七年，全國新創辦的期刊，除去政府機關公報、社團一般性的公報、學校的普通校刊、宗教宣傳刊物及少年兒童讀物和日報的副刊外，共有六百五十一種，其中週刊一百二十種，旬刊二十六種，半月刊四十七種，月刊十七種，雙月刊五種，季刊三十三種。

新聞通訊社也不甘落後，到一九二六年，全國通訊社達到一百五十五家，其中規模較大的有國聞通訊社、中時電訊社等。同時，新聞學研究團體也紛紛出現。

【黨群組織的建立】

袁政府時期，在民政部註冊的黨派有八十五個，未註冊者更是多如牛毛。臺灣學者張玉法的統計更為詳盡，自武昌兵變至一九一三年底，全國政治性社團多達三百一十二個。袁世凱時代，是中國歷史上從未有過的政黨繁榮時期。我們不要忘了，這也符合袁世凱的政治理念，他當年出山的條件之一就是開放黨禁。袁世凱說到做到，這是他執政時期，政黨繁盛的重要原因。

【農業體系的建立】

一九一二—一九一六年間，袁政府頒佈的與經濟有關的條例、章程、細則、法規等達八十六項之多。一九一四年頒佈的《國有荒地承墾條例》、《邊荒承墾條例》，引發移民熱潮，此後近二十年間，東北及內蒙古接受內地移民約四百萬。曾在大陸一度熱播的電視劇《闖關東》，既是那一時代的寫照。就是一九七〇年代，不少山東人仍有下關外謀生的習慣。不過已經不是移民的身分，而是被毛體制打上「盲流」的可悲標籤。

袁政府為改良棉花，從美國引進優良品種，分送各省種植。一九一五年，袁總統簽發《特定教育綱要》，把農業教育放在領先地位。到一九二四年，全國高等農業學校由一九一一年的五所發展到十四所。這些農業學校，培養了一大批農業人才。

【實業體系的建立】

袁世凱出任總統之初即宣佈：「營業自由，載在國憲，尤應尊重。」他第一次到參議院宣佈政見時亦強調：「民國成立，宜以實業為先務，故分農林、工商兩部，以盡協助提倡之義。」隨後，袁總統令工商部：「從速調查中國開礦辦法及商事習慣，參考各國礦章、商法，草擬民國礦律、商律，並挈此古今中外度量權衡制度，籌訂劃一辦法。」此後，民國政府開始系統地制定經濟法規如《公司條例》、《商標法》、《礦業條例》等，促進工業發展。其中規定，縣知事在受理企業註冊時，限五個工作日內，須詳轉上司核辦；如有地方不肖官吏故意刁難耽延，或另加勒索，一經查實，嚴懲不貸。

民初北京政府的法律保障，以及實業政策的鼓勵，使得中國經濟的發展，進入一個黃金時代。統計顯示，從一八四〇－一九一一年的六十二年中，萬元以上的工礦企業共約九百五十一家，資本總額共計兩萬萬元；而從一九一二－一九二七年的十六年中，萬元以上的工礦企業就達一千九百八十四家，資本總額約為四萬萬元。

聯邦中國

一九二〇年代最初的那幾年，中國社會普遍興起聲勢浩大的連省自治運動。

民國以來，大一統問題，一直是漢人的心結。由此而引發的統一戰爭，頻頻上演，北方系的直奉兩派，大戰兩次，直皖兩派大戰一次；南方系的粵桂兩派，大戰兩次；湘直大戰一次；滇桂粵聯軍與陳炯明之間的戰爭；川鄂戰爭；湖南戰爭；江浙戰爭；廣西戰爭……戰火連連，民不聊生。統一派章太炎、李劍農、王正廷等，不忍內戰塗炭黎民，改弦易轍，倒向聯省自治派。他們認為，國家要建設，必須統一，非採聯邦制不能恢復中央政府的權威。

聯省自治來源於聯邦制理論，它有兩個含義，先由各省制定省憲法，組織本省政府，實行省自治。然後，在各省自治的基礎上，選派代表，制訂聯省憲法，成立聯邦國家。我贊成文森特・奧斯特羅姆（Vincent Ostrom）的一句話，他說：「聯邦制不只是一種政府形式，它是一種解決問題的方法，一種生活方式。」漢人精英需要用聯邦制來解決他們的政治分歧，並通過這一治理模式，實現美國人那樣的生活理想。

鴉片戰爭後，聯邦思想從西方傳到中國。當四分五裂的戰亂局面嚴重侵害到中國的肌體時，聯邦制讓一些中國知識份子看到未來，看到希望。一八九四年，孫中山創建興中會時，明確主張，把美國聯邦製作為未來中國的藍本。

二十世紀初，梁啟超建議將中國分裂為十八國，並在《新民叢報》上撰文，主張：「我中國……民間自治之風最盛，誠能博採文明各國地方之制，省省府府，州州縣縣……各為團體，因其地宜以立法律，從其民欲以施政令……果爾，則吾中國之政體行將為萬國師表矣。」同盟會的機關報《民報》遙相呼應，發文指出：「共和政治也，聯邦政體也，非吾黨以為建設新中國無上之宗旨乎？使吾黨之目的而達，則中國之政體，將變為法國之共和，美國之聯邦。」毫無疑問，二十世紀初，聯邦制已成不折不扣的中國夢。

武昌兵變，各省相繼宣佈獨立。而各省獨立時的文告內容，大多離不開聯邦思想、地方自治。作為獨立省領導的黎元洪，在通電中，首提「建立聯邦國家」概念。山東議會（諮議局）建議中央政府（清廷），「立於聯邦的基礎重組中央政府；各省有訓練保衛地方軍隊的自由」；廣西獨立宣言稱，「聯合各省軍政府，共謀組織聯邦政府，以對外人」；貴州獨立宣言中亦稱，「本省與各省人民同意組成聯邦帝國，以達立憲之希望」。二次革命後，張東蓀撰文聲稱：「吾以為中國欲圖存自強，非採用英美派之自治不為功也。」其後，章士釗亦高調唱和聯邦論；李達在其《聯邦論》中，更認為只有聯邦制，才能拯國民於紛糾。

袁世凱稱帝引發新的戰亂，聯邦制尤成反對派們的新武器，陳炯明及蔡鍔等，在討袁檄文中，明確提出「採用聯邦制度，省長民選，組織活潑有為的地方政府」。然而，隨著袁世凱的離世，聯邦制論沉寂下來，漢人的大一統思想又占了上風。

當戰爭紛至遝來時，人們的思緒才又回到聯邦制論上來。湖南是全國省自治的發祥地，譚延闓是全國首揭自治旗幟者。一九二二年，湖南由教授、博士組成一個制憲班子，完成《湖南省憲法草案》的制定，並付諸實施。同年十二月下旬，湖南依據省憲選舉產生新的省政府，趙恒惕經過激烈競選，當選為第一任民選省長。四川、貴州、雲南、廣西等省緊隨其後，紛紛宣佈起草省憲。在全國更是組成多個省區自治聯合會，這便有往聯邦方向邁進的意味了。在上海召開的中華民國八團體會議，主張由各省自製省憲，再由各省聯合制訂中華民國的國憲。

托克維爾稱，在民主體制下，一項決定都要經過長期醞釀，審慎討論，待至成熟，方付諸實施。民國的創建者們，缺乏審慎，等不及一項制度的成熟，便忙不迭的去實施。這是民國的硬傷。

聯邦制是美國一七八九年憲法設計中的關鍵概念。亞歷山大・漢密爾頓（Alexander HamOn）是這一憲政制度的卓越設計者之一。可以說，美國聯邦憲法，是高度文明的產物，它複雜的結構設計，向世人所展示的正是人類的最高智慧。毫無疑問，美國聯邦憲法是一部令人欽佩的作品。而從兩千多年野蠻體制（帝制）脫胎而來的民國、從兩百多年滿清鐵蹄下自我掙脫出來的漢人，缺乏建立高度文明的政治基礎和人文基礎。所以，聯省自治——中國的聯邦制，最終未能實現。

積極的外交姿態

一九二一年的華盛頓會議，圍繞遠東問題展開。而山東問題，又是遠東問題的重中之重。因美、英、法、意、荷、比、葡等國，在這一地區均有利益糾葛，故被邀請與會。美國作為會議主辦方，自然也邀請了中國參加。

徐世昌政府接到邀請後，表示將參加會議。同時聲明，中國代表在會議中的地位，應與各國完全平等。美國表示支持，徐世昌政府遂正式接受邀請，並為此成立了專門的太平洋會議籌備處，特聘一百三十二名專家，作為這次會議的工作班子。外交部另聘美國政治專家韋羅璧、財政專家韋羅貝、稅則專家陶綏及民國政府前外交總長梁如浩、前財政總長周自齊為中國代表團高級顧問。駐美大使施肇基、駐英大使顧維鈞、大理院院長王寵惠為中國代表團的全權代表。

受中央政府積極外交姿態的鼓舞，中國民間紛紛組織了太平洋問題後援同志會、華盛頓會議中國後援會等組織，作為促進國民外交的機構。後來，這些團體又在北京成立國民外交聯合會，作為統一的後援機構。

一九二一年十一月，華盛頓會議召開。會議主題有二：一為討論縮減軍備問題，由英美法義日五國參加；一為討論太平洋及遠東問題，與會九國全部參加。在第二項議題會議上，施肇基向大會提出十大原則，第一條即指出，各國約定尊重並遵守中華民國領土完整及政治與行政上的獨立。美國代表羅脫將施肇基的十大原則，歸納為四大原則：

一、尊重中國的主權獨立與領土完整；

二、給予中國完全無礙的發展機會；

三、保護世界各國在中國全境的商務實業機會均等；

四、不得乘中國之危，營謀特別權利或優先權利。

羅脫的這四項原則，獲大會通過。

日本不願將山東問題提交華盛頓會議，以免英美干涉。日本照會徐世昌政府，就山東問題進行直接交涉。對日強硬派吳佩孚表示堅決反對，徐世昌總統向外交部下達指令，拒絕日本人就山東問題直接交涉。

歷時八年的山東問題得以解決，得益於北京政府外交政策的務實性與開放性。比較之下，當代漢人政權在外交上，多了些被動性，如在南海仲裁問題上，他們所採取的不是進取，而是退縮，提出所謂：「不參與、不承認、不接受、不執行」的外交策略。如此統一（近乎鐵板一塊的政體）而強大（世界第二大經濟體）的中國，卻懼怕到國際法庭上一較高下。而民初這麼一個鬆散的、內憂外患的漢人政權，其外交政策卻充滿大開大合的性格，敢於面對現實，也敢於面對世界列強。當代漢人應該沿著前人的路，在面對國際問題、國際糾紛的時候，應該正面、積極、主動，而不是採取鴕鳥政策。小家子氣，絕不是大國應有的風範。

袁世凱當選總統後，國會始終堅持一個既定的政治方向，那就是削弱袁世凱的權力。國會由若干黨派的議員組成，如何說是國會方向呢？原因就在於，民國的第一屆正式國會，國民黨籍議員占多數；國民黨團又以孫中山創立的同盟會成員為多數。二〇一二年秋，宋教仁改造同盟會及聯合其他黨派而為國民黨。該黨舉行成立大會時（數千人與會，可謂盛極一時），孫中山作為袁世凱的客人，正在北京，國民黨大會選孫中山為理事長。孫中山力辭不就，國民黨中央乃決定由宋教仁代理，宋遂為中國第一大政黨黨魁。但孫中山既定的政治方向即架空袁世凱，從未改變。

民國的立國理念是三權分立，總統有總統的權力，而在野黨努力架空三權中的行政分支，不僅說不過去，且違背三權分立原則，更是違憲行為。我們在前面的章節中也提到過，就是袁總統那點可憐的頒令權也被剝奪殆盡。袁世凱為爭取憲法賦予他的行政權，並沒有動用手中的警權，更沒有動用軍權，去對付國會，而是在憲法框架內，與國會展開周旋。

你也許不同意我這個觀點，認為袁世凱既動用了警權，也動用了軍權，去對付國會議員。我在這些提醒讀者注意，袁世凱對國民黨籍議員動用武力，是在二次革命展開之後，動武的理由不是爭取行政權，而是那些國民黨籍議員有的參與了二次革命，有的支持二次革命。二次革命，以暴力推翻民選政府為目的。國民黨及其支持者的暴力革命，對於袁世凱本人及其政府並不能構成威脅，倒是對地方政府、對於不贊成暴力革命的普通百姓，直接構成生命與財產的威脅，袁世凱這才以正義之名武力平暴。二次暴力革命之前，袁世凱始終在憲法框架下行事，這也是下面我們要重點論述的。

一九一三年秋，袁政府憲法起草委員會成立。這個委員會擔負著民國正式憲法的起草工作。之前成立的憲法研究會，向憲草委提交了一份「憲法草案大綱二十四條」，其核心內容就是賦予總統以任命國務員以及解散國會的權力。從三權分立原則來講，這是行政分支應有的權力，否則就談不上三權分立與相互制衡。孟德斯鳩對此有過闡述，維持自由共和國的基本結構，就必須通過權力制約權力。憲法的作用，正如文森特・奥斯特羅姆在《美國聯邦主義》一書中所說的，就是「將權力分配給在立法、行政和司法機關中履行職責的多個代理人」。實際還是孟德斯鳩權力制約權力的理念。

孫中山做總統時，上述理念在臨時憲法中是有所體現的，當孫中山決定辭去總統一職時，孟德斯鳩的權力制衡理念蕩然無存。「臨時憲法1.0版」，是孫中山給自己制定的，總統權很大；「臨時憲法2.0版」，是孫中山給袁世凱量身定制的，總統權僅為一個橡皮圖章。憲法研究會在此提出恢復「臨時憲法1.0版」，不過是恢復那些本該屬於總統的權力。只有這樣，才符合三權分立原則，符合相互制衡的憲法精神。結果，遭到憲法起草委員會國民黨籍委員們（共七人）的一致抵制。此時，正值二次革命如火如荼之際，袁政府以附亂之名，逮捕其中的四人，另有三人被槍殺。

可憐兮兮的袁總統，在國會爭取不到行政權，跑到下級那裡大倒苦水：你等地方官員，也是國民一分子，國會剝奪總統的權力，也等於剝奪了你等的權力，你等因何不站出來，主持個公道？（魏得勝製圖）

袁世凱就職時，新憲法已進入三讀。袁世凱援引《臨時約法》授予總統「憲法增修建議」的權力，向憲草委員會提出：改責任內閣制為總統制。

結果遭拒。過後，袁世凱再一次諮文憲法會議，憲草委員會直接拒絕答覆。袁世凱與國會的矛盾，進一步激化。

新的中華民國憲法起草工作完成，憲法起草委員會戰勝袁政府，依舊為責任內閣制。國會內的國民黨激進議員發表公開聲明說：誰若想改變現有政治體制（責任內閣制），就是我黨的公敵。

袁世凱並不甘願敗北，繼續爭取行政權的嘗試。一九一三年十月底，袁世凱派遣國務院委員施愚、顧鼇、饒重任、黎淵、程樹德、孔昭焱、余棨昌一行，前往國會，再次宣佈總統對於民國憲法的修增意見，並以總統名義下達了對於國會的諮文。該諮文要求嗣後所有的國會會議，或憲法起草委員會會議，或者是憲法審議會，「均希先期知照國務院，以便該籌委等隨時出席陳述」。什麼意思呢？就是堅持在憲法框架內，爭取屬於行政分支的權力。二次革命那樣的烈火，袁世凱說個撲滅就撲滅了，數百手無寸鐵的議員算得了什麼？他不厭其煩的與國會周旋，即表明他的政治選擇：對待暴力革命，就得用武力手段；對待憲法革命，就得用文功手段。這是袁世凱的政治思路，可謂分寸拿捏得當。

然而，袁世凱的政治努力，遭到國會及憲草委員會的強烈抗議。憲法會議聲稱，憲法會議在性質上不同於兩院，總統對於該會議，沒有提案權，自無派員出席的理由。憲法起草委員會同時認為，國務委員出席憲法起草會議，無法律依據，且憲法起草規則規定，除兩院議員外，其他機關人員，不但不能出席，即使旁聽亦不能。

無奈，袁世凱只得求助地方大員，通電各省軍政長官，請他們就新憲法，提出自己的意見。換句話說，袁世凱為了爭取行政分支應有的權力，請求全國輿論的支持。袁世凱在通電中說（下文中的「該黨」指國民黨）：

此次憲法起草委員會，該黨議員居其多數；閱其所擬憲法草案，妨害國家者芸多。綜其流弊，將使行政一部，僅為國會附屬品，直是消滅行政獨立之權。倘再令照國會專制辦法，將盡天下文武官吏，皆附屬於百十議員之下，是無政府也，勢非亡國滅種不止。確見此等違背共和政體之憲法，影響於國家治亂興亡者極大，何求緘默不言，各該文武官員同為國民一分子，且各負保衛治安之責，對於國家根本大法，利害與共，亦未便知而不言。務望逐條研究，共抒讜論……以憑採擇。

好個可憐兮兮的袁總統，自己的行政權在國會爭取不到，跑到下級那裡大倒苦水，且言：你等地方官員，也是國民一分子，國會剝奪總統的權力，也等於剝奪了你等的權力，你等因何不站出來，主持個公道？

袁世凱的通電，把各省軍政長官給發動起來，他們紛紛通電，指責憲法起草委員會是國家蟊賊，必須剷除國民黨。直隸都督馮國璋、浙江都督朱瑞、河南都督張鎮芳、江蘇民政長韓國鈞、貴州都督唐繼堯、廣東都督龍濟光、中華民國新當選副總統黎元洪等，紛紛致電北京政府，列陣新憲法草案的種種悖謬，要求重新審定。江蘇都督張勳、湖南都督湯薌銘、江西都督李蓴、甘肅都督兼民政長張炳華等人的通電中，更要求取締國民黨，取消新憲法草案，乃至提出解散國會，另組立法機關。遺憾的是，這時的中華民國新憲法已通過三讀，並正式公佈。

袁世凱一直希望在憲法（臨時憲法0.1版）框架內，完成新憲法（中華民國正式憲法）的起草。然而，國民黨籍議員極力阻止袁世凱獲得應有的行政權。政治是妥協的藝術；不妥協也並非不可，但前提是，你的不妥協是建立在公平基礎上的，讓你的政治對手無話可說。很顯然，國會中的主導力量國民黨籍議員不僅私心濃烈，且公然破壞三權分立原則。袁世凱借二次革命，澈底摧毀了缺乏妥協精神、且動輒就暴力革命的國民黨。憲法危機，就此告一段落。

國會癱瘓後，袁世凱另起爐灶，依據《政治會議組織令》，成立了行政會議這個準立法機構，李經羲為議長。一九一四年初，行政會議通過決議，解散名存實亡的國會。中華民國第一屆國會，至此正式解散。

內閣危機

民國的行政分支，由總統府與內閣組成。總統府的建立，相對還算順利，但內閣建設就遇到一些麻煩。袁世凱任命唐紹儀為首任內閣總理後，唐紹儀到參議院發表政見，並提請參議院，審議各部總長名單：

外交總長陸征祥；
內務總長趙秉鈞；
財政總長熊希齡；
陸軍總長段祺瑞；
海軍總長劉冠雄；

司法總長王寵惠；
教育總長蔡元培；
農林總長宋教仁；
工商總長陳其美；
交通總長梁如浩。

我為什麼要在此枯燥乏味地列舉這十部總長名單呢？原因就在於，這是南北統一後的民國正式內閣，格外令人珍惜。這十位內閣部長，或精通中外，或學有專長，或久涉所任專業。就政治背景而言，唐紹儀既是袁世凱的摯友（袁自稱與其有生死之交），同時也是南方政治圈裡的名流（國民黨系成員）。陸征祥、施肇基為無黨派人士；熊希齡為君主立憲派和湖北方面的代表；宋教仁、陳其美、蔡元培、王寵惠者，均為國民黨系成員。惟段祺瑞、劉冠雄、趙秉鈞，是袁系人物。

唐內閣可謂勢力均衡，考慮周密。因此，此屆內閣又被稱為混合內閣；因此，內閣成員的提名，除梁如浩外，均順利得到臨時參議院的認可。但唐內閣僅執政四個月，便因為內閣成員多不合作，難以施政，向袁總統請辭。袁總統慰留，唐紹儀只好掛冠而去。

除了內閣摩擦，唐紹儀似乎跟袁世凱也存在政見分歧。唐總理每次到總統府去蓋章，總統府的工作人員就會挖苦，說「我們總統都成唐總理的傀儡了」；或曰「你看看，唐總理又來欺侮我們總統了」。

袁世凱在總統府也很沒面子，連身邊的工作人員都這麼私下議論，多多少少，他也能聽到耳朵一點。這天，唐紹儀來蓋章，袁世凱就說：「唐總理，這公文嘛，好歹也讓本總統過目一二。治理國家這麼大的事，我個總統只管蓋蓋章了事，豈不誤國。」唐總理說：「袁總統的話雖然有理，但制度就是這麼設置的，內閣擬好的公文，總統只管蓋章即可。」袁世凱頓時動怒：「我已老了，少川，你來做總統，可好麼？」

前一句，袁世凱還以公職稱呼唐總理，這下一句，動了肝火，便以私人身分，稱呼唐紹儀的字。唐紹儀有未被尊重之感，遂不快而出。

孫中山、臨時參議院均認為，混合內閣無法協調一致，還是政黨內閣好。國民黨是國會裡的最大政黨，組建政黨內閣，顯然得利。而共和黨與統一共和黨無力抗衡國民黨，因此希望組建一個超越黨派的內閣，這便誕生以陸征祥為總理的超然內閣。袁世凱之所以提名陸征祥為國務總理，正是看中他沒有任何政治背景，易於被各政治派系所接受。

陸總理乘馬車至參議院，向國會提交內閣名單，並陳述政見。國會議員，全體起立，鼓掌向陸總理致意。陸總理是西方通，基督徒，職業外交官，精通英、法、俄、德各種語言，前清時期曾擔任過中國駐荷蘭和俄國的公使，因此大家格外起敬。陸總理登臺演講，掌聲火爆異常。這是全體議員們的共同期待之聲。然陸總理英語流利，漢語卻結結巴巴。這且無恙，問題是他的一番比喻，徹底逗樂議員。陸總理說：「有了國務總理，斷不可無國務員；若國務員沒有才幹，單靠著一個總理，是斷斷不能成事的。鄙人忝任總理，自愧無才，全仗國務員，方可同舟共濟，齊心協力，不致溺職。現已擬有數人，望各位議員秉公相待。」話到這兒打住，也就完了。豈料，陸總理畫蛇添足，最後竟要幽默一番，說道：「譬如人家做生日，須先開具菜單，揀擇可口的菜肴，何況是國務員呢？」

陸總理此言一出，全場譁然。這時，但聽有人嬉笑道：「總理常駐海外，吃慣西餐，自然留意功能表；我等都是從鄉下來的，什麼魚翅海參，皆不知滋味，懂得什麼大菜。」這邊的笑語未絕，那邊的笑聲又起，複說道：「想總理的生辰，就在這幾天，我等不免要登堂祝壽，饕餮一頓。」有的議員緊隨其後，調侃道：「想總理府中的功能表，定會預先揀擇，格外精美哩。」

陸總理並非癡聾，聽到這些譏評，不覺面紅耳赤，當下無意演說，竟自下臺，勉強把名單取出，交給議長，自己垂頭喪氣，踱出院門，乘輿而去。

各議員由他自便，並沒有一人歡送，大家指手劃腳，蜚短流長，埋怨說：「民國初建，百廢待興，全仗有才幹的總理興利除弊。可氣的是，今天來了這樣一個人物，要做總理，這國還有什麼希望？」國民黨議員格外憤激，便道：「我等原是不贊成這位總理的，不知他黨議員，何以投其贊成票，莫非已受他賄賂不成？」共和黨及統一共和黨議員，自然禁受不起，便與國民黨議員發生爭執，霎時，全院鼎沸，幾成一個械鬥場，就如今天的臺灣立法機構時常發生的開戰場景那樣。議長吳景濂，見秩序已亂，慌忙出來禁止，並搖鈴散會，大家方一哄而散。

次日，複開會表決國務員，結果全票否決。國民黨議員又提出彈劾總理，眾議員皆附和，遂提交彈劾總理案，送入總統府。袁總統置諸高閣，陸征祥過意不去，呈請辭職。袁總統不許，只得另擬幾人，再交參議院表決。各議員仍然拒絕。不到一日，軍警兩界，散發傳單，大約是說：「內閣遲遲不能建立，皆參議院有意為難所致。參議院之舉，令我輩鐵血鑄成的共和國，陷入無政府狀態。若長此以往，踐踏民主，我等只有武力相向。」京城上下聞言，莫不人心惶惶。

在軍警兩界的支持下，袁世凱對於參議院的態度也逐步地強硬起來。經改動後的內閣名單再一次被提出時，總統府一方同時傳出消息：「此次提出閣員，盡可不通過，好在能做閣員的人很多；再不通過，政府又再提；又再不通過，政府又再提，只要議會本身能站得住腳，政府怕什麼！」

袁總統一手硬，一手軟，次日設宴，邀參議員入府歡會。袁總統對議員們，那真是前後恭維，殷勤備至。再投票表決閣員時，竟然通過了。袁總統組建個超然內閣，都得向議員如此折腰，他這總統幹的，著實委屈。

最終，陸征祥也未能把這總理當下去（陸當總理總共不到一個月。而實際上班，則一天也沒有），他力辭不就。恰此時，孫中山與黃興在京，與袁世凱三日一小宴，五日一大宴，融洽得沒法比。袁世凱向孫中山徵求意見，答應請黃興或其他國民黨人出任內閣總理。但這個提議卻被黃興等人慷慨拒絕。黃興根據黨內的意見，向袁總統提議改趙秉鈞為內閣總理。袁世凱遂把這一提案遞交臨時參議院，並獲得順利通過。陸內閣原班人馬，保持不動。

接著，黃興又提出，希望袁世凱加入國民黨。袁世凱堅持他的不黨主義。黃興退而求其次，要求趙秉鈞在內的本屆內閣成員，全部加入國民黨，以實現政黨內閣的初衷。袁總統竟然採納，授意趙秉鈞內閣，除周學熙、范源濂和海、陸軍總長外，其餘閣員均加入國民黨，這當然也包括趙秉鈞總理在內。趙內閣成立後，袁世凱即聲稱：「趙秉鈞是國民黨員，國民黨所主張的政黨內閣已經實現了。」

政黨內閣的成立，是民國建立後第一次孫、袁合作的成果。就當時的袁世凱而言，這種南北氣氛的調和，向世人有力地展示了全國的統一，也牢牢地奠定了袁世凱的總統地位。

血歷史112　PC0733

新銳文創
INDEPENDENT & UNIQUE

民初大總統爭奪戰

作　　者　魏得勝
責任編輯　杜國維
圖文排版　莊皓云
封面設計　楊廣榕

出版策劃　新銳文創
發 行 人　宋政坤
法律顧問　毛國樑　律師
製作發行　秀威資訊科技股份有限公司
114 台北市內湖區瑞光路76巷65號1樓
電話：+886-2-2796-3638　傳真：+886-2-2796-1377
服務信箱：service@showwe.com.tw
http://www.showwe.com.tw
郵政劃撥　19563868　戶名：秀威資訊科技股份有限公司
展售門市　國家書店【松江門市】
104 台北市中山區松江路209號1樓
電話：+886-2-2518-0207　傳真：+886-2-2518-0778
網路訂購　秀威網路書店：https://store.showwe.tw
國家網路書店：https://www.govbooks.com.tw

出版日期　2018年4月　BOD一版
定　　價　320元

Printed in Taiwan

國家圖書館出版品預行編目

民初大總統爭奪戰 / 魏得勝著. -- 一版. -- 臺北
市 : 新銳文創, 2018.04
面 ;　公分. -- (血歷史 ; 112)
BOD版
ISBN 978-957-8924-11-6(平裝)

1. 民國史 2. 通俗史話

628.1　　107004160

讀者回函卡

感謝您購買本書，為提升服務品質，請填妥以下資料，將讀者回函卡直接寄回或傳真本公司，收到您的寶貴意見後，我們會收藏記錄及檢討，謝謝！

如您需要了解本公司最新出版書目、購書優惠或企劃活動，歡迎您上網查詢或下載相關資料：http:// www.showwe.com.tw

您購買的書名：________________________________

出生日期：________年________月________日

學歷：□高中（含）以下　□大專　□研究所（含）以上

職業：□製造業　□金融業　□資訊業　□軍警　□傳播業　□自由業

□服務業　□公務員　□教職　□學生　□家管　□其它_____

購書地點：□網路書店　□實體書店　□書展　□郵購　□贈閱　□其他

您從何得知本書的消息？

□網路書店　□實體書店　□網路搜尋　□電子報　□書訊　□雜誌

□傳播媒體　□親友推薦　□網站推薦　□部落格　□其他__________

您對本書的評價：（請填代號　1.非常滿意　2.滿意　3.尚可　4.再改進）

封面設計____　版面編排____　內容____　文／譯筆____　價格____

讀完書後您覺得：

□很有收穫　□有收穫　□收穫不多　□沒收穫

對我們的建議：________________________________

____

____

____

請貼
郵票

11466
台北市內湖區瑞光路 76 巷 65 號 1 樓
秀威資訊科技股份有限公司 收
BOD 數位出版事業部

（請沿線對折寄回，謝謝！）

姓　名：＿＿＿＿＿＿＿＿ 年齡：＿＿＿＿ 性別：□女　□男

郵遞區號：□□□□□

地　址：＿＿＿＿＿＿＿＿＿＿＿＿＿＿＿＿

聯絡電話：(日)＿＿＿＿＿＿＿＿ (夜)＿＿＿＿＿＿＿＿

E-mail：＿＿＿＿＿＿＿＿＿＿＿＿＿＿＿＿